Nouvelles d'aujourd'hui

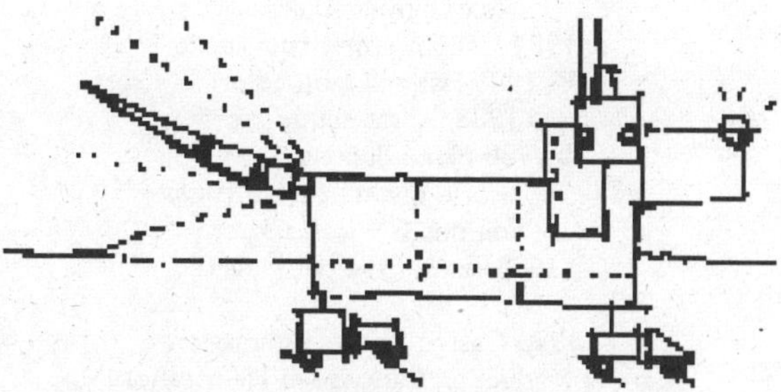

Castor Poche
Collection animée par
François Faucher, Hélène Wadowski,
Martine Lang et Joseph Jacquet

Une production de l'Atelier du Père Castor

Les histoires regroupées dans cet ouvrage
sont issues des ouvrages suivants :
Aux Éditions Riunti
© 1984 Ceento storie fantastiche
© 1986 Fiabe di tanti colori
© 1988 Storie del tic-tac
© 1988 Menù di cento storie
© 1988 Storie di città vere o chissà
Aux Éditions Giunti Marzocco
© 1988 Tante fiabe per giocare

© 1990 Castor Poche Flammarion
pour la traduction française et l'illustration.

MARCELLO ARGILLI

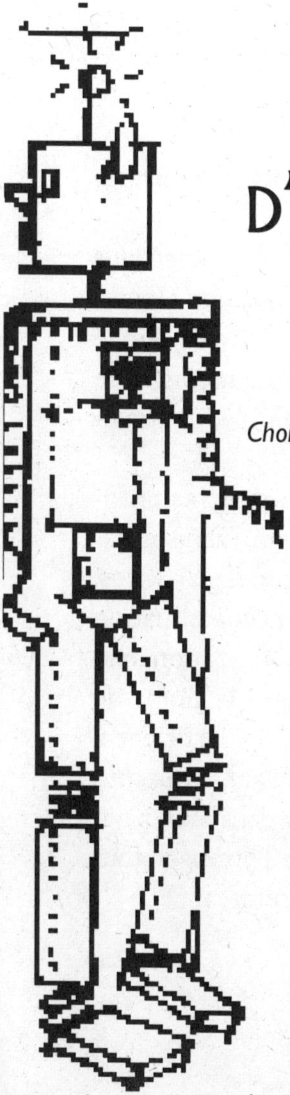

NOUVELLES D'AUJOURD'HUI

Choix, montage et adaptation française de
ROGER SALOMON

Illustrations de
SOLVEJ CRÉVELIER

Castor Poche Flammarion

Marcello Argilli

L'auteur est né en 1925 à Rome où il habite encore aujourd'hui.

« En 1951, j'ai rencontré Gianni Rodari, l'un des plus grands écrivains de l'après-guerre. Il m'invita alors à collaborer au journal pour enfants qu'il dirigeait. Je me suis aperçu ainsi que j'entrais spontanément en communication avec les jeunes. Depuis, j'écris exclusivement pour eux.

« Certains aiment gagner de l'argent, d'autres chanter ou faire des courses automobiles. Moi, j'aime inventer des histoires aussi bien réalistes que fantastiques. Quand une personne, un événement, une situation suscitent mon émotion ou mon indignation, mon imagination s'en empare et ils deviennent le point de départ d'une histoire. C'est ma façon de participer à la vie des enfants et des adolescents. J'aime que mes histoires intéressent, et pas seulement dans mon pays. Mes quatre-vingts volumes traduits à l'étranger font que je me sens un peu citoyen du monde. »

Roger Salomon

Le traducteur est professeur agrégé d'italien dans le midi, près de la frontière, qu'il franchit souvent pour se rendre en Italie où il a de nombreux amis. Depuis quelques années, il a entrepris de faire connaître en France les écrivains italiens pour la jeunesse. Il a notamment adapté en français plusieurs ouvrages de Gianni Rodari et Luigi Malerba, deux auteurs dont il apprécie l'humour, l'imagination et les jeux de langage. Ces mêmes qualités, il les a retrouvées chez Marcello Argilli, dont il a déjà traduit *Tom Pouce*.

Solvej Crévelier

L'illustratrice de l'intérieur a une double vie : elle se partage entre son appartement parisien et sa maison provençale, son métier et sa famille, son grand chien Clarinette et son petit chien Biba.
« Être illustrateur, c'est voyager ; à travers le monde, à travers le temps, parfois seulement à travers les mots... voyager dans la tête. Ce sont les plus beaux voyages car ils restent toujours des rêves. »

Télévision, télévision chérie

Douze chaînes

Pour que les gens ne pensent pas aux ennuis qu'ils avaient, aux choses qui allaient de travers, et ne commencent pas à protester, le maire de la ville avait fait construire une grandiose station de télévision qui, jour et nuit, émettait sans interruption sur douze chaînes, toutes en couleur. Les gens s'étaient à tel point habitués à regarder la télé que, aussitôt le travail fini, ils se précipitaient tous chez eux avec une seule idée en tête : s'asseoir devant l'écran, et rire, pleurer, applaudir ou siffler, selon les programmes.

Le maire était satisfait : du matin au soir, personne ne pensait plus à rien. Mais le fonctionnement de ce grand centre de télévision coûtait très cher.

– Et si on essayait d'économiser un peu ? se dit-il.

Il fit réduire le nombre des chaînes à six, puis à quatre, puis à deux. Les gens continuèrent à rester dans leur fauteuil devant le téléviseur — même quand il ne resta plus qu'une seule chaîne ; et en regardant ce programme unique, ils disaient tous :
– Tant mieux, maintenant au moins nous n'avons plus l'embarras du choix.

Pour économiser encore, le maire fit supprimer la couleur, et tout le monde continua à suivre les programmes en noir et blanc.
– C'est plus reposant, disaient-ils, comme ça les yeux ne se fatiguent pas.

Il fit couper le son, ne laissant que l'image.
– Quels progrès fait la télévision, dirent les gens. On n'est plus étourdi par tout ce vacarme !

Enfin, le maire fit enlever l'image : il ne subsista plus sur l'écran qu'un rectangle lumineux immobile.
– Les programmes s'améliorent sans cesse, dirent les gens. Plus besoin de se fatiguer à les suivre.

Et ils sont toujours là, en train de contempler l'écran vide.

Panique à la télé

Après le repas, il alluma le téléviseur et s'installa dans son fauteuil, se préparant à savourer un spectacle agréable. Mais lorsque l'écran s'alluma et qu'apparurent les images, au lieu des acteurs, il vit quelque chose qui le laissa abasourdi : c'était lui qui venait d'apparaître sur l'écran, lui-même, assis exactement dans la position qu'il avait devant le téléviseur. Voyons, c'était impossible, absurde : il ne pouvait s'agir que d'un sosie, d'un acteur qui lui ressemblait comme une goutte d'eau ressemble à une autre goutte d'eau.

Déconcerté par cette extraordinaire ressemblance, il se gratta instinctivement la tête, et voilà qu'il se produisit quelque chose d'encore plus bouleversant : le personnage de l'écran se grattait lui aussi la tête, exactement avec le même geste. Alors ce n'était pas un sosie, c'était vraiment lui, d'ailleurs il portait la même robe de chambre, et le décor était rigoureusement identique à celui de la pièce où il se trouvait : il reconnaissait très bien le fauteuil, le divan, le tableau accroché au mur.

« Restons calme », pensa-t-il. S'il apparaissait ainsi sur l'écran, il ne pouvait y avoir qu'une seule explication : une caméra cachée dans la pièce était en train de le filmer.

Il la chercha partout et, tout en farfouillant dans les moindres recoins, du coin de l'œil il continuait de se voir exécutant tous ces gestes à la télé. Force lui fut d'admettre qu'il n'y avait pas de caméra cachée, et pourtant il se voyait toujours sur l'écran. Il frissonna.

Une pensée soudaine accrut sa panique : s'il apparaissait ainsi à l'écran, ça voulait dire qu'en ce moment même la nation tout entière le voyait. A cette idée, il se sentit nu comme un ver devant des millions de personnes.

Il courut éteindre le téléviseur et se blottit dans son fauteuil. Il n'osait plus bouger, angoissé à l'idée que l'on puisse encore le voir.

Pour en avoir le cœur net, il prit son courage à deux mains et ralluma l'appareil. L'écran s'éclaira et il y défila cette inscription : « Veuillez nous excuser pour cette interruption. La suite du programme dans quelques instants. » L'inscription disparut, faisant place à l'image : toujours la même, c'est-à-dire lui, blotti dans son fauteuil.

– Enfin, quoi, c'est impossible ! balbutia-t-il.

Mais il ne fut pas le seul à dire cela, son image à l'écran le dit aussi.

Alors, cédant complètement à la panique, il perdit la tête. Il empoigna un marteau, et son image aussi l'empoigna.

– Assez ! cria-t-il.

– Assez ! répéta en écho la télé.

Il brandit le marteau pour détruire cet appareil infernal, et son image le brandit également, mais ce marteau qui s'abattait sur l'écran, il ne put le voir. En effet, il sentit un grand coup sur la tête et s'écroula par terre.

La télé des animaux

Au zoo, il y avait des animaux qui allaient et venaient sans cesse dans leur cage, flairant partout en quête d'un trou pour s'enfuir, ou mordant carrément les barreaux pour essayer de les briser. D'autres, en revanche, dépérissaient, perdaient le poil et l'appétit, et restaient lugubrement accroupis, renonçant à bouger.

Le directeur du zoo, qui ne voulait pas les voir souffrir, eut un jour une idée. Il les libéra ? Non, il fit installer dans chaque cage un téléviseur et réaliser des émissions spécialement conçues pour eux.

Dès lors, la vie dans le zoo changea du tout au tout. Les animaux, arrêtant de se plaindre ou de se rebeller, commencèrent à suivre les émissions avec le plus vif intérêt. Il s'agissait de documentaires tournés dans la savane, la jungle, le désert, la forêt vierge, et ils avaient tous l'impression d'y vivre à nouveau. Naturellement, telle ou telle émission avait sur eux des effets différents : pour les antilopes, les zèbres, les daims, les documentaires sur les lions étaient des films d'épouvante ; pour les lions, ceux sur les antilopes, zèbres et daims étaient des publicités alimentaires. Bref, passionnés par tous les programmes, les animaux passaient la journée entière béatement vautrés devant le petit écran.

Mais le directeur n'était pas encore pleinement satisfait et il fit préparer des émissions de fiction qui eurent encore plus de succès. Ces téléfilms s'intitulaient : *Le chasseur chassé, Le jour où je mangeai le dompteur, La gazelle au cœur d'or, Le grand amour du crocodile du Nil*, etc., et ils étaient si astucieusement réalisés que les animaux, rêvant les yeux ouverts, se mettaient dans la peau des personnages, battaient des pattes, se tordaient de rire ou pleuraient à chaudes larmes.

Perfectionnant encore son idée, le directeur commanda à un cinéaste une nouvelle série télévisée en trois cent soixante-cinq épisodes intitulée : *La vie de château en cage*. Chaque épisode illustrait les délices de la vie au zoo, et se terminait toujours par cette devise : « La sécurité, c'est la liberté. »

Les animaux trouvaient cette série vraiment très émouvante.

— Ah ! là ! là ! disaient-ils, quelle chance nous avons de vivre dans ce paradis terrestre !

Conseils à ceux qui veulent faire de la télévision

Comment apparaître sur l'écran à vos amis et parents

Aimeriez-vous apparaître sur l'écran à vos amis et parents ? Eh bien, sachez qu'il n'y a rien de plus facile : il suffit d'avoir à votre disposition un téléviseur en état de marche. Demandez à vos parents la permission de l'utiliser et étudiez attentivement le genre d'émission dans laquelle vous avez l'intention de vous exhiber. Dès que vous vous sentirez prêt, passez à la phase technique de l'opération.

Débranchez le téléviseur. Cherchez au dos de l'appareil les vis (deux ou quatre selon les modèles) qui fixent le panneau arrière. Sortez tous les mécanismes intérieurs (ampoules, contacts miniaturisés, tube cathodique, etc.). Laissez seulement la plaque transparente de l'écran. Revissez le panneau arrière.

Avec une scie, autant que possible circulaire, pratiquez dans le fond de l'appareil un trou de trente-cinq centimètres de circonférence (attention à ne pas vous faire mal avec la scie !).

Il ne vous reste plus maintenant qu'à procéder à l'émission proprement dite, qui est d'une extrême facilité. Placez-vous face aux amis et parents pour lesquels vous voulez jouer. Soulevez l'appareil, introduisez la tête dans le trou, le visage tourné vers l'écran. Vous apparaîtrez automatiquement dans le téléviseur et l'on pourra vous admirer dans la scène que vous avez préparée.

Une fois l'émission terminée, ressortez la tête du trou et remettez dans l'appareil tous les mécanismes à l'endroit exact où ils se trouvaient : le téléviseur marchera parfaitement. Ne vous inquiétez pas pour le trou en dessous, il ne gênera nullement la réception des programmes.

Un truc pour jouer en compagnie de célèbres acteurs de la télévision

Qui ne souhaite jouer en compagnie de célèbres acteurs de la télévision ? Pour y parvenir, il y a un système infaillible.

Choisissez le programme interprété par les acteurs avec lesquels vous voulez jouer. Quand il est sur le point de commencer, allumez le téléviseur et placez-vous bien face à l'écran.

Suivez attentivement le spectacle, en vous efforçant de vous intégrer le plus possible à l'action, de vous mettre le plus possible dans la peau des personnages. Dès que vous vous sentirez suffisamment dans l'ambiance, intervenez dans le dialogue des acteurs, et n'hésitez pas à insister jusqu'à ce qu'ils soient obligés de vous remarquer et de vous répondre. N'ayez aucun scrupule à les provoquer par des répliques goguenardes, ironiques, voire carrément insolentes, du genre : « Hé, tu joues comme un pied ! » Tous les acteurs sont très susceptibles et résistent rarement à la tentation de répondre. C'est ainsi que vous aurez atteint votre but de jouer avec eux.

S'ils persistent à vous ignorer et font semblant de ne pas vous entendre, c'est que vous n'avez pas réussi à trouver les répliques efficaces.

Comment participer à une émission de télévision

N'importe qui peut participer à une émission de télévision. Le seul problème est de déterminer pour quel genre de spectacle on est le plus doué : comédie, variétés, téléfilm, etc. Une fois effectué le choix, le reste est un jeu d'enfant.

Vérifiez dans TÉLÉRAMA le jour et l'heure exacte du spectacle auquel vous avez décidé de participer, et allumez le téléviseur.

Dès que le spectacle commence, c'est le moment magique pour vous : allez-y, participez ! Pour y arriver, il suffit de pénétrer dans le téléviseur. Faites-le de la façon qui vous est le plus commode, tous les moyens sont bons pourvu que vous y entriez. Vous vous trouverez ainsi sur le plateau, et vous aussi vous apparaîtrez à l'écran.

Faites seulement attention d'entrer dans le téléviseur sans l'abîmer : sinon l'émission s'interromprait, et vous vous retrouveriez coincés dans une position très inconfortable à l'intérieur de la grosse boîte d'un appareil dont les lampes sont grillées.

Comment se préparer à devenir acteur de la télévision

Il est bon que quiconque désire devenir acteur ou actrice de télévision commence à s'exercer dès sa plus tendre enfance. Toutefois, étudier les émissions de variétés, les pièces de théâtre, les téléfilms, la danse, etc., n'est pas suffisant. Ce qu'il faut surtout, c'est apprendre à se voir à l'écran pour éliminer les inévitables défauts et imperfections.

C'est pourquoi ceux qui ne disposent pas d'un studio de télévision personnel doivent se procurer un appareil qui leur permette de se voir tandis qu'ils jouent. Cet appareil, vous pouvez le réaliser vous-même : il est facile à construire et représente une dépense minime. Le matériel nécessaire est le suivant :

— un téléviseur en état de marche ;

— un grand miroir (au moins un mètre cinquante de haut et un mètre de large) ;

— un fil électrique de trois mètres cinquante ;

— du scotch.

Pour la construction, exécutez avec soin les opérations suivantes :

1) fixez avec du scotch un des bouts du fil électrique au miroir ;

2) fixez l'autre bout, toujours avec du scotch, en un point quelconque du téléviseur ;

3) disposez le miroir de manière que vous puissiez vous voir ;

4) placez le téléviseur de façon à bien voir l'écran.

Voilà, maintenant l'appareil est prêt. Tandis que vous ferez vos répétitions devant le miroir, votre image sera transmise du miroir au téléviseur. En effet, après avoir allumé l'appareil, vous apparaîtrez sur l'écran. Mais il est d'ailleurs inutile de l'allumer : les programmes de la télé se superposeraient à votre image et vous empêcheraient de vous voir. Cet inconvénient est encore plus facilement éliminé si vous vous regardez uniquement dans le miroir : vous y verrez exactement la même image que celle transmise au téléviseur et vous pourrez ainsi très bien contrôler vos qualités télégéniques, autrement dit, si vous êtes doué pour la télévision. En vous approchant du miroir vous vous verrez en gros plan ; en vous éloignant vous vous verrez en plan moyen (c'est-à-dire en entier).

En plus, vous obtiendrez une qualité acoustique excellente : en effet, vous entendrez votre voix à la perfection.

Un système infaillible pour être engagé à la télévision

Si vous désirez jouer à la télévision, sachez tout d'abord qu'il n'existe pas d'écoles ni de cours particuliers pour devenir acteur de télévision. Il est donc indispensable de s'y préparer tout seul, éventuellement en s'exerçant à jouer avec ses amis ou parents. L'étape suivante, fondamentale, consiste à se faire engager pour une émission télévisée. C'est relativement facile : il faut seulement beaucoup de persévérance. Les systèmes varient selon qu'on est un garçon ou une fille.

Pour les filles. Procurez-vous une robe très voyante, une chaîne en fer d'environ trois mètres de long, deux cadenas, un tambourin (de ceux qui servent pour danser la saltarelle napolitaine) ou des castagnettes (genre fandango espagnol).

Après avoir endossé la robe, rendez-vous avec tout ce matériel devant l'immeuble de la radio-télévision italienne à Rome, avenue Mazzini. A proximité de l'entrée, fixez avec un cadenas une extrémité de la chaîne à une barre de la grille en fer qui entoure l'édifice ; avec le second cadenas, attachez l'autre bout de la chaîne à votre cheville. L'usage de la chaîne est une précaution indispensable : vous éviterez ainsi d'être reconduite chez vous par un agent de police, ou emmenée en ambulance dans un asile de fous.

Mettez-vous bien en évidence et souriez, de manière à être remarquée par quelque haut dirigeant ou metteur en scène qui entre ou sort de l'immeuble. Ils remarquent souvent les filles portant une robe voyante, surtout si elles jouent du tambourin ou des castagnettes. Si toutefois, à l'âge de soixante ans, vous n'avez pas encore été remarquée et engagée, il vaut mieux vous libérer de la chaîne et renoncer : ça veut dire que ça n'a pas marché et que, probablement, vous n'êtes pas télégéniques.

Pour les garçons. Alors là, c'est un peu plus difficile : il est donc préférable de suivre une méthode plus audacieuse et même quelque peu risquée. Munissez-vous d'une corde très robuste, de dix à douze mètres de long. Enroulez-la autour de votre taille et cachez-la sous votre veste. Pénétrez avec une excuse quelconque dans l'immeuble de la radio-télévision. Aussi bien à droite qu'à gauche du hall d'entrée il y a des ascenseurs : prenez le premier qui est libre et appuyez sur le dernier bouton. Arrivé tout en haut sur la terrasse, attachez solidement une extrémité de la corde à un quelconque point d'appui, à condition qu'il soit solide (piquet, parapet, etc.). Nouez fortement l'autre bout à votre taille et laissez-vous descendre le long de la façade entièrement vitrée. D'un coup de pied, donnez-vous de l'élan et balancez-vous le long de la façade : grâce aux vitres, vous pourrez être remarqué dans chaque bureau. Il est indispensable que la corde ne dépasse pas huit-dix mètres, de manière que vous vous balanciez devant les deux derniers étages : en effet, c'est là que se trouvent les bureaux des dirigeants.

Continuez à vous balancer, si possible en faisant des signes courtoisement amicaux et des sourires enjôleurs, jusqu'à ce qu'un dirigeant vous remarque : vous aurez ainsi de bonnes chances d'être engagé.

Pour les Français, inutile de se rendre à Rome : on peut très bien faire tout cela devant l'immeuble de la radio-télévision française, 116, avenue du Président-Kennedy à Paris.

Comment faire jouer à la télévision un texte qu'on a écrit

Écrire un texte pour la télévision et le faire jouer implique avant tout d'avoir une idée et, en second lieu, une certaine patience.

En ce qui concerne l'idée, il n'est pas nécessaire qu'elle soit exceptionnelle : les programmes de la télé le démontrent amplement. En revanche, il est nécessaire de la rédiger sous forme de scénario, en écrivant à gauche l'action et à droite les dialogues. Exemple :

Salon Jojo et Popaul, assis à la table. jouent aux cartes.	
	JOJO : Belote ! POPAUL : Merde !

Entre Sylvie,
elle s'appuie
à la table.

SYLVIE : Je peux jouer ?
JOJO : Viens pas nous les casser !
SYLVIE : Puisque c'est comme ça, vous ne jouerez pas non plus !

Sylvie, furieuse,
arrache les cartes
des mains des joueurs.
Jojo lui donne
une gifle.

Plaf ! (effet sonore).

Sylvie donne à Jojo
un coup de pied
dans le tibia.

JOJO : Aïe !

Etc.

Une fois le texte écrit, tapez-le à la machine et mettez-le dans une enveloppe. Écrivez l'adresse bien clairement, en majuscules : Radio-télévision italienne, Service des manuscrits, avenue Mazzini, 14, Rome (pour la France, Radio-télévision française, 116 avenue du Président-

Kennedy 75116 Paris). Au dos de l'enveloppe, écrivez tout aussi clairement les nom, prénom et adresse de l'expéditeur.

Surtout, ne mettez pas de timbres !

Si vous ne disposez pas chez vous d'un coffre-fort, rangez l'enveloppe dans un tiroir muni d'une robuste serrure et fermez-le à clé. Cette précaution est nécessaire pour éviter que quelqu'un ne vous vole votre idée.

Attendez vingt-cinq ans.

A l'échéance de la vingt-cinquième année, reprenez l'enveloppe, collez-y les timbres (si vous les aviez collés tout de suite, ils seraient à coup sûr périmés, ce qui entraînerait un supplément de dépense inutile).

Postez la lettre. Au bout de quelques jours, vous recevrez la réponse.

Vous allez vous demander : pourquoi attendre vingt-cinq ans plutôt que vingt ou quarante ? Parce qu'on a de bonnes raisons d'espérer que dans vingt-cinq ans la télévision sera mise à la disposition de tous les enfants.

Le succès

Il peut arriver à tout le monde de sentir un besoin soudain et pressant d'aller aux toilettes. C'est ce qui arriva au Pr Lafrisette en plein studio de télévision, alors qu'il participait à une table ronde sur la récente découverte de quelques niches de chiens assyrio-babyloniennes. Le Pr Lafrisette était en effet un des plus éminents spécialistes mondiaux en archéologie canine, la science qui étudie les civilisations canines de l'Antiquité en se basant sur les niches, les inscriptions (« Attention, chien méchant ! ») et les objets (laisses, muselières, gamelles, etc.) retrouvés dans les fouilles.

C'était la première fois qu'il était invité à la télévision, et cette soirée était pour lui l'occasion ou jamais de faire connaître à des millions de personnes les merveilles de sa science. Seulement voilà, au beau milieu de l'émission, il sentit ce besoin impérieux. Au début, il essaya de résister, mais ensuite, très embarrassé, il dut lever le doigt. L'animateur de l'émission crut un instant qu'il réclamait la parole, puis il se dit que ça n'avait pas de sens étant donné que c'était justement lui qui l'avait ; il le regardait avec des yeux effarés, quand finalement le professeur prit son courage à deux mains et demanda :

– M'sieur, je peux sortir ?

L'animateur lui fit discrètement signe que oui. Dans leurs maisons, des milliers de téléspectateurs éclatèrent de rire et commentèrent :

– Ouf, tant mieux ! Quelle barbe, ce type !

S'étant glissé hors du studio, le Pr Lafrisette courait dans les couloirs à la recherche des toilettes. Ignorant où elles étaient, il perdit pas mal de temps, jusqu'à ce qu'enfin quelqu'un lui dise :

– Là-bas, au fond à droite.

Revenu dans le studio, il se retrouva au milieu d'une troupe de danseuses déchaînées : entre-temps, en effet, la table ronde s'était achevée et avait fait place à une émission de variétés.

N'étant pas au courant, le professeur fut un peu déconcerté :

– Bizarre, bizarre, se dit-il. Des spécialistes en archéologie canine vêtues de cette façon, je n'en ai encore jamais vu... Peut-être sont-elles en train d'imiter quelque ancienne danse canine ?

Les danseuses, quant à elles, croyant que ce monsieur distingué faisait partie du spectacle, le prirent par la main et l'entraînèrent dans la danse. Le malheureux essaya timidement de leur expliquer qu'il avait encore beaucoup à dire sur les niches assyrio-babyloniennes, mais comme elles ne l'écoutaient pas et ne pensaient visiblement qu'à danser, il en conclut que c'était ainsi qu'était programmée la fin de la table ronde. Il se mit alors à tricoter des jambes au milieu de toutes ces belles filles et, ne sachant pas danser, non seulement il gigotait à contretemps, mais il trébuchait et s'étalait par terre. Les filles, gentiment, l'aidaient à se relever. Chaque fois il leur disait :

– Merci, chères collègues !

Puis il recommençait à se trémousser.

Dans leurs maisons, les téléspectateurs se tordaient de rire.

– Il est vraiment désopilant ! disaient-ils. Ça se voyait tout de suite que c'était un acteur comique déguisé en archéologue... Il a même fait semblant d'avoir envie d'aller aux cabinets, chose que personne n'avait jamais osé faire à la télévision...

Le spectacle eut un indice d'écoute très élevé et le Pr Lafrisette reçut plusieurs dizaines d'invitations pour participer comme invité d'honneur à des émissions de variétés.

Comme quoi les voies du succès à la télévision sont infinies, elles passent même par là-bas, au fond à droite.

Attention école !

A bas la censure, vive la lecture !

— Maintenant ça suffit, ferme ce livre, ça fait trois heures que tu lis ! Regarde donc un peu la télévision ! suppliaient les parents.
— J'en ai horreur, elle est ennuyeuse. Moi, regarder cette saleté ? Jamais ! répondaient tous les enfants, garçons et filles.
— Si vous tenez absolument à lire, au lieu de livres lisez au moins des bandes dessinées ! recommandaient les enseignants à l'école.
— Elles sont stupides, répondaient les élèves. Ce qui nous plaît, à nous, ce sont les romans, les contes, les poésies !

Dans ce pays, tous les enfants dédaignaient la télévision et les bandes dessinées. Leur seule passion, c'étaient les livres. Ils en lisaient partout, à la maison, dans les interclasses, dans la rue, au jardin public, dans l'autobus, et même aux cabinets.

Parents et enseignants étaient très inquiets.

– Ça fait mal aux yeux de lire ! criaient-ils. A force de rester penchés sur les livres on devient bossu !

– Les livres ne sont pas éducatifs ! tonnaient les enseignants dans les écoles.

– Les contes sont morbides, ils nuisent à l'imagination, ils favorisent la délinquance !... Et gare à vous si, quand vous serez plus grands, vous vous avisez de lire Homère, Shakespeare ou Victor Hugo, dont les livres sont pleins d'histoires de guerre, de violence, de tortures sadiques et de tueries !

Afin de les détourner des livres, à Noël, à Pâques, pour leur anniversaire, parents et amis offraient aux enfants des téléviseurs dernier modèle, des magnétoscopes, des paquets d'illustrés aux couleurs éclatantes. Peine perdue : les gamins ne daignaient même pas y donner un coup d'œil.

La passion pour les livres étant considérée comme un vice dangereux, on eut recours à des mesures sévères. Dans les écoles, on institua l'heure de désapprentissage de la lecture, au cours de laquelle les enseignants imposaient la vision et le commentaire d'un épisode de série télévisée, des exercices sur des films policiers et donnaient en devoir à faire à la maison le résumé d'une émission de variétés ou d'un dessin animé. Mais cela aussi fut inutile : en classe, les enfants, ne résistant pas à la torture des projections, fermaient les yeux, et à la maison personne ne faisait ces devoirs insupportables.

Constatant que l'heure de désapprentissage de la lecture ne fournissait pas les résultats espérés, on recourut à des mesures encore plus draconiennes : on promulgua une loi qui interdisait la lecture des livres, imposait la fermeture des bibliothèques et punissait sévèrement quiconque était surpris en possession d'un livre.

La réaction des enfants fut immédiate : ils organisèrent la diffusion clandestine des livres et s'adonnèrent à leur passion effrénée en les lisant en cachette dans les caves ou dans les bois. Mais ils ne s'en tinrent pas là. Ils organisèrent des manifestations de protestation avec des pancartes et banderoles qui disaient : « Rendez-nous nos livres ! » « Lire des livres, c'est vivre libre ! » « Robinson, Pinocchio, Alice font nos délices ! » « Andersen, Jules Verne, Rodari sont nos meilleurs amis ! » Les cortèges parcouraient tumultueusement le centre ville en criant des slogans menaçants : « A-bas-la-cen-sure, vi-ve-la-lecture ! » « Lec-ture, cul-ture, à-bas-la-dic-ta-ture ! »

Des délégations d'enfants exigèrent d'être reçues par le président de la République. Devant leur obstination, le Président proposa un compromis :

– Je vous accorderai la permission de lire des livres une heure par jour, à condition que pendant une autre heure vous lisiez des bandes dessinées, et que pendant une autre encore vous regardiez la télévision !

Les enfants, indignés, refusèrent.

– Lecture libre et sans conditions ! crièrent-ils.

La loi anti-lecture n'ayant pas été retirée, ils en arrivèrent à la guérilla. Ils jetèrent les téléviseurs par les fenêtres, placèrent des bombes sous les antennes et dans les studios de télévision, mirent le feu aux kiosques qui vendaient des bandes dessinées.

On institua alors des tribunaux spéciaux, qui infligeaient des peines très sévères.

Après avoir prononcé sa sentence, le juge, dans l'espoir que le condamné reviendrait à de meilleurs sentiments, lui disait :

— Repens-toi, jure que tu regarderas la télévision ne serait-ce que cinq minutes, et tu auras la vie sauve.

Mais les condamnés restaient inébranlables.

— Jamais ! Plutôt la mort ! s'exclamaient-ils.

Et ils montaient à l'échafaud en chantant gaillardement : « Allons enfants de la lecture, le jour de gloire est arrivé ! »

Ils étaient certains d'aller tout droit au paradis des lecteurs.

Un dimanche chargé

Rédaction
Décris quelque chose d'intéressant qui t'est arrivé dimanche.

Étant donné que durant toute la journée de dimanche il ne s'était rien passé qui lui parût digne d'intérêt, il écrivit :

Rédaction
Rien.

Le lundi matin, quand il remit sa feuille, la maîtresse lui dit :
– Voyons, hier tu as bien dû faire quelque chose d'intéressant ?
Il réfléchit : non, il n'en avait vraiment pas l'impression.

— Essaie de te souvenir. Commence par le matin.
— Je me suis lavé.
— Non, quelque chose d'intéressant.
— J'ai pris mon petit déjeuner.
— Ça te semble important ?
— Dans la matinée, j'ai accompagné ma grand-mère à la messe. Puis j'ai déjeuné.
— Et après ?
— L'après-midi, après avoir dormi un peu, j'ai regardé la télévision.
— C'était intéressant ?
— Non, c'était barbant.
— Enfin, quoi, fais un effort ! Rien d'autre ?
— J'ai regardé mes parents jouer aux cartes avec des amis, je n'avais même pas le droit de parler pour ne pas les déranger, et je m'ennuyais. Vous voyez, madame ! Hier, il ne m'est absolument rien arrivé.
— C'est impossible, tu n'as pas dû y prêter attention.

Il s'aperçut que la maîtresse allait se mettre en colère.
— Enfin, risqua-t-il, maintenant que j'y repense, si, il s'est produit quelque chose...
— Quoi ?
— Une escadrille d'avions a piqué sur ma

maison et les pilotes m'ont salué en agitant le bras.

– Bien, bien, commence par écrire ça, alors.

Il l'écrivit.

– Et que s'est-il passé encore ?

Bon, puisque les mensonges lui convenaient, ce n'était pas difficile de la contenter.

– Tandis que j'étais accoudé à la fenêtre, j'ai vu quatre bandits masqués qui dévalisaient la banque en face de chez moi. Aussitôt j'ai téléphoné à la police, qui est accourue sur les lieux...

– Et ensuite ?

– Il y a eu une fusillade terrible, maman criait, grand-mère s'est évanouie... En plus, au même moment, la maison a été ébranlée par un tremblement de terre, mais moi je me suis appuyé de toutes mes forces contre le mur pour qu'il ne s'écroule pas...

– Bravo ! Écris vite tout cela.

Il l'écrivit.

La maîtresse lui mit dix sur dix.

Depuis ce jour, il sait très bien écrire des mensonges dans ses rédactions.

Comment on invente les contes

C'était une école pilote, expérimentale, super-équipée, avec les méthodes les plus modernes d'enseignement.

On y écrivait les devoirs à la machine électronique ; on y résolvait les problèmes sur ordinateur ; quant aux textes des manuels, non seulement on en faisait l'analyse logique, mais encore l'analyse chimique ; les interrogations étaient enregistrées au magnétoscope et, pour aller aux cabinets, il fallait le demander en anglais.

Un jour, une des maîtresses décida de faire étudier les contes ; au lieu de les lire et d'en faire ensuite l'analyse logique, critique et chimique, elle préféra utiliser la méthode créative, à la fois plus amusante et plus scientifique.

– Écoutez-moi, les enfants, dit-elle,

aujourd'hui nous allons inventer un conte. Naturellement, pour le créer, nous allons nous servir des techniques et matériaux les mieux appropriés.

La classe passa dans le laboratoire de l'école, très bien outillé. Les uns prirent une perceuse, d'autres un Meccano, certains s'installèrent à l'établi de menuisier, d'autres à la table d'architecte. Comme matériaux, ils choisirent l'argile, la pâte à modeler, la poudre d'or et d'argent, le contre-plaqué, le polystyrène, et ils travaillèrent d'arrache-pied à construire un conte.

Quand la cloche sonna, ils n'avaient encore rien inventé, même pas un minuscule bout de conte.

– Nous continuerons demain, dit la maîtresse. Nous expérimenterons des techniques et des instruments encore plus sophistiqués et nous y parviendrons sûrement.

Le lendemain, ils reprirent le travail en utilisant la panoplie du parfait petit chimiste, le microscope, l'imprimante et, bien sûr, le Minitel.

Mais malgré tous leurs efforts, il n'en sortait pas la moindre ébauche de conte.

Tandis qu'ils étaient très occupés à en inventer un en mélangeant de l'acide sulfurique, des pétales de roses et un poster de Gianni Rodari, un petit vieux s'accouda à la fenêtre du laboratoire.

– Que faites-vous, les enfants ? demanda-t-il.

– Nous essayons d'inventer un conte.

– Ce n'est pas comme ça qu'il faut s'y prendre.

– Qu'est-ce que vous en savez, vous ?

– Je le sais pour la bonne raison que je suis moi-même un conte.

Comme ils avaient appris que la meilleure façon de reproduire une chose est de savoir de quoi elle se compose, ils l'invitèrent aussitôt à entrer.

– Vous permettez que nous analysions comment vous êtes fait ? demandèrent-ils.

– Avec plaisir. Allez-y, ne vous gênez pas.

Armés de scies, de vilebrequins et de tenailles, les écoliers le réduisirent en pièces détachées, pour voir comment il était fait à l'intérieur.

– Mais il n'y a que des mots ! s'exclamèrent-ils, stupéfaits.

– Exact, dit le conte, qui était magiquement redevenu entier. Nous sommes faits de mots. Vous comprenez maintenant ce qu'il vous faut pour nous inventer ?

– Parfaitement, répondirent en chœur les écoliers.

Le conte prit congé et s'en alla.

– Bravo ! commenta la maîtresse. Vous avez découvert la matière première dont vous avez besoin : maintenant il ne vous reste plus qu'à vous la procurer et vous inventerez autant de contes que vous voudrez.

Pour se procurer de la matière première en abondance, les écoliers prirent le dictionnaire : là-dedans, il y avait tous les mots.

Ils les sortirent du dictionnaire et les entassèrent sur une grande table. Ils les séparèrent en mots abstraits et mots concrets, en mots courts et mots longs, ils les regroupèrent par adjectifs, verbes, substantifs, ils les passèrent au tamis, ils les pétrirent avec de l'eau, ils les modelèrent pour leur donner la forme d'un conte.

Comme ils ne se décidaient pas encore à se combiner pour former une histoire, les enfants y ajoutèrent des œufs, de la levure, ils essayèrent de les faire cuire de différentes façons, bouillis, frits, en sauce, ils les trempèrent dans l'esprit-de-sel pour les rendre spirituels, ils les mouillèrent de larmes pour les rendre émouvants, ils les peignirent de couleurs vives pour leur donner l'éclat de l'imagination.

Mais il n'en sortait toujours pas de contes. Toutefois, sachant qu'ils avaient désormais découvert la matière première nécessaire, les écoliers ne se découragèrent pas. Suivant la méthode expérimentale de Galilée, celle qui consiste à essayer et réessayer, ils continuèrent leurs expériences : ils collèrent les mots sur de longues banderoles ressemblant à des étoiles filantes, ils en firent des cocktails, ils les distillèrent dans des alambics, ils tentèrent de les faire éclater dans des pétards. Ce n'était qu'une question de patience : le tout était d'essayer et de réessayer.

Méthodiques et infatigables, ils poursuivirent leurs expériences le lendemain, le jour suivant, celui d'après encore, ils continuèrent des semaines et des semaines, et ils sont toujours là, dans le laboratoire, plus que jamais convaincus qu'il existe un système scientifique infaillible pour inventer un conte.

La magie des mots

Le supermarché des mots

— Attention, Daniel, choisis-les bien, lui dit son père. Tous les samedis tu en achètes cent, et pourtant il ne me semble pas que tu fasses des progrès. Souviens-toi que plus tu en as, plus tu auras de succès dans la vie.

— Oui, papa, marmonna Daniel, en sortant pour se rendre au supermarché des mots.

Il y allait tous les samedis, quand ses parents lui donnaient son argent de poche. Cet argent, il ne le gaspillait pas en chewing-gums, en glaces, en illustrés, en parties de flipper, il le dépensait tout là. Dans son pays, en effet, les mots s'achetaient : on ne pouvait utiliser que ceux qu'on avait achetés.

On les trouvait tous au supermarché, comme dans le dictionnaire, répartis dans les divers rayons selon les genres. A la disposition des acheteurs il y avait des vendeurs très compétents, tous maîtres et maîtresses d'école diplômés, capables de donner n'importe quel conseil.

Dès son entrée, Daniel se retrouva dans un rayon où était diffusée en sourdine de la musique classique : c'était celui des mots rares, fréquenté surtout par des poètes et écrivains, qui farfouillaient dans les étagères, en quête de termes élégants et raffinés comme *enluminure, nyctalope, séraphique*... Mais pensez voir si Daniel allait gaspiller ses sous pour des mots pareils.

Poursuivant son chemin, il traversa un rayon décoré en rose, celui des adjectifs destinés aux compliments, où un jeune homme, s'adressant à une maîtresse-vendeuse, était en train de murmurer, timide et embarrassé :

— J'en voudrais une douzaine...

— A qui as-tu l'intention de les dire ? demanda la maîtresse-vendeuse.

— Heu... voilà... je voudrais les... je devrais les dire...

Le jeune homme rougit.

— J'ai compris. Que penses-tu de *fascinante, délicieuse, charmante* ? Mais si tu me décris comment est ta bien-aimée, je pourrai te conseiller avec plus de précision...

Daniel eut un petit sourire de compassion : il trouvait ridicule d'employer de tels adjectifs.

Il arriva à un rayon où les étagères étaient pleines à craquer de verbes. Garçons et filles s'y approvisionnaient selon leur tempérament : certains achetaient des verbes comme *survoler, bourlinguer, sillonner, plonger* ; d'autres préféraient les verbes *contempler, rêver, imaginer...* Les adultes, en revanche, choisissaient plutôt *économiser, accumuler, s'endetter, se reposer...*

Daniel n'était pas non plus intéressé par les verbes, et moins encore par les mots du rayon voisin, où la radio diffusait des marches militaires et des musiques de films de guerre et de supermen. Là, les clients étaient presque tous des jeunes portant des blousons de cuir, des ceinturons à grosses boucles métalliques et des bottes de « marine » américain. C'était le rayon des mots agressifs, et sur les étagères on trouvait des mots comme *claque, coup de poing, bombe, mitrailleuse, mercenaire.* Seuls des maniaques, pensa Daniel, pouvaient faire des achats à ce rayon.

Un rock endiablé provenait d'un rayon balayé de lumières de toutes les couleurs. Un maître-vendeur, en jean et tee-shirt portant l'inscription N.Y. Colombus University, parlait au micro avec l'accent exotique de certains disc-jockeys.

– *Come on, boys !* disait-il. Mots américains garantis d'origine, fraîchement arrivés des United States. Si vous tenez à être O.K., approvisionnez-vous ici !

A ce rayon on vendait des mots comme *hi-fi, look, sponsor, love, spot*... On se les arrachait, et les clients, garçons et filles, poussaient toutes les trois secondes de retentissants O.K. qui se mélangeaient au chewing-gum qu'ils mastiquaient.

– Quels crétins ! murmura Daniel en s'éloignant.

Tandis qu'il continuait à se balader à travers les rayons, il fut abordé par une maîtresse-vendeuse.

– Puis-je t'aider ? lui demanda-t-elle gentiment. Quel genre de mots cherches-tu ?

– T'occupe, c'est pas tes oignons, ronchonna Daniel.

– Je comprends, répondit la vendeuse sans

s'étonner. Dernier rayon au fond à droite.

Mais le renseignement était superflu : ce rayon-là, Daniel le connaissait comme sa poche ; il aurait pu le trouver les yeux fermés, car il le fréquentait assidûment chaque semaine.

Comme d'habitude, il y avait foule, surtout des garçons. Tout d'abord, il vérifia s'il y avait de nouveaux arrivages, puis il se mit à faire son choix, farfouillant méticuleusement dans toutes les étagères. Il prit son temps, essayant les mots un à un. Il en savait un bout dans ce domaine : pensez donc, c'était le rayon des gros mots.

Il en choisit vingt, de véritables chefs-d'œuvre. Ils coûtaient très cher et, quand il les eut payés, il ne lui restait plus beaucoup d'argent pour les quatre-vingts autres qu'il devait acheter, mais cela ne l'inquiéta pas. Comme d'habitude, il les prendrait au rayon où l'on vendait les plus économiques, celui des mots faux, pleins de fautes d'orthographe et de prononciation. Ils étaient tous en solde, et pour quelques francs on pouvait en avoir des kilos. Des mots du genre : *médesin, chossettes, orlogerie, bijous, cordonier, septambre, aigiseur, aréoport, infractus,* sans parler de tout un assortiment de verbes comme *vous faisez, il courit, ils rompèrent, tu mouriras*, etc. Certes, des mots pareils ça faisait mauvais effet à l'école et les enseignants vous flanquaient des zéros à tour de bras, mais Daniel s'en fichait. Ce qui lui importait, c'était la considération de ses copains : en effet, personne ne connaissait autant de gros mots que lui. Chaque fois qu'il faisait étalage de son répertoire, ils restaient tous bouche bée.

Tandis qu'il rentrait à la maison, il se souvint que ses parents l'attendaient avec impatience pour lui demander quels mots il avait achetés, s'il avait bien choisi les plus beaux, les plus utiles...

– Merde, pensa-t-il, mes vieux vont encore me les casser !

Mais il retrouva sa bonne humeur en pensant à ses copains :

– P....., lundi, à l'école, la gueule qu'ils vont faire, les mecs ! Ils vont tous en crever d'envie, ces c... !

L'invention impossible

Savant très ambitieux, le Pr Phonéticus rêvait de passer à la postérité en inventant quelque chose que personne n'aurait encore jamais pensé à inventer. Après s'être creusé la cervelle pendant des années, il eut finalement l'idée : géniale, inégalable, absolument originale. Il allait inventer une nouvelle lettre de l'alphabet. Personne dans toute l'histoire de l'humanité n'y avait jamais pensé. Non seulement il passerait à la postérité, mais il deviendrait très riche. Dès que sa nouvelle lettre serait brevetée, quiconque s'en servirait devrait lui payer des droits d'auteur. Il faut dire que le Pr Phonéticus n'était pas seulement ambitieux, mais aussi grippe-sou.

Il se mit aussitôt au travail. Le gros problème était d'arriver à dessiner une lettre tout à fait nouvelle, qui ne se confonde avec aucune autre. Durant des années, du matin au soir, il remplit de dessins des milliers et des milliers de feuilles de brouillon. Il trouvait beaucoup de très belles lettres mais n'était jamais satisfait. A la fin il sélectionna les cinq qui lui semblaient les meilleures :

Parmi celles-ci, après mûre réflexion, il choisit la dernière. Désormais la moitié de l'invention était faite. Il passa alors à l'étape suivante : déterminer le son qu'elle devait avoir. Mais c'est là que commencèrent les vraies difficultés : quand il s'efforçait de la prononcer, il lui sortait toujours de la bouche les sons des habituelles lettres de l'alphabet.

Naturellement, il ne s'avoua pas vaincu et, pendant des années, il persévéra dans sa recherche. Il essayait de la prononcer en bafouillant, en grinçant des dents, en plissant les lèvres, en faisant la grimace, en collant la langue au palais. Peine perdue. Il essaya de la prononcer avec le nez, en crachouillant, en gargouillant, en grognant, et même en faisant l'arbre droit. Pas moyen, c'étaient toujours les sons habituels qui sortaient.

Ambitieux et têtu comme il était, le Pr Phonéticus ne songea pas un seul instant à s'avouer vaincu : pour rien au monde il n'aurait renoncé à une invention aussi géniale, inégalable, super-originale, qui le ferait passer à la postérité. En effet, il est toujours en train de s'acharner à inventer le son de cette fameuse lettre.

Vous n'y croyez pas ? Alors, essayez vous-même de compléter son invention, en prononçant un son qui ne soit pas celui d'une des habituelles lettres de l'alphabet. Si vous y arrivez, vous passerez à la postérité, et vous deviendrez très riche.

Le pays le plus injuste du monde

robert durand était un garçon triste, il habitait dans la triste rue jean-moulin, il fréquentait la triste école victor-hugo, et ses meilleurs copains — georges, henri, sylvie et laurence — étaient tristes eux aussi.

quand il revenait de l'école :

– robert, le repas est prêt, lui disait tristement sa mère, anne.

robert s'asseyait à table, en face de son père qui s'appelait guy.

– veux-tu aller au cinéma aujourd'hui ? lui demandait guy. au royal, on joue les aventures de zorro, avec alain delon.

– non, je n'en ai pas envie, répondait robert, trop triste même pour aller au cinéma.

il n'y avait pas que lui, ses parents et ses

amis qui étaient tristes, tout le monde l'était : ils vivaient en effet dans un pays triste, où tous les mots devaient toujours être écrits avec la minuscule. personne n'avait le droit d'utiliser la majuscule, sous peine d'une lourde condamnation. on était obligé d'écrire avec la minuscule les noms de rues, de cinémas, les titres de chansons et de films, et aussi les noms d'acteurs. dans ces conditions, il était logique que tout inspire de la tristesse ; mais le plus triste, c'était de ne pouvoir utiliser la majuscule pour son propre nom : chacun sentait qu'il n'avait pas la moindre importance, qu'il n'était rien du tout.

les majuscules, c'était le chef de l'état qui les avait toutes réquisitionnées, lui seul pouvait les employer, Lui, Son Excellence Super-Majuscule César Napoléon Alexandre le Grand, qui habitait un superbe Palais Présidentiel, faisait des Repas majuscules, et donnait des Ordres sévères à tous ses minuscules sujets. Lui, par contre, même quand il parlait il le faisait en majuscules ; on le sentait bien à sa façon de dire :

— Je Dis, Je Veux, Je Décide, J'Ordonne...

plus les années passaient, plus la tristesse de robert durand augmentait. on ne peut supporter de vivre toujours en minuscule, c'est la pire injustice, et c'est ainsi que sa tristesse se transforma en rage et enfin en révolte. Devenu adulte, il fut en effet à l'origine d'une fameuse révolution donnant le droit à tout le monde, à tous les Guy, Anne, Georges, Henri, Sylvie et Laurence de vivre en majuscule comme les Présidents de toutes les Républiques.

Sans prénom fixe

Chacun a un nom de baptême qu'il porte toujours avec lui : c'est comme la couleur des yeux dont on ne peut jamais changer, ou un grain de beauté que personne ne peut vous enlever. Si votre prénom est Jean, Marc ou Anne, vous êtes Jean, Marc ou Anne pour toute la vie. Mais est-ce juste de devoir toujours porter un prénom que l'on nous a donné sans même nous consulter ? Je ne sais ce que vous en pensez, en tout cas, moi, j'ai connu une fille qui n'était pas d'accord et en changeait tous les jours, prenant celui qui lui plaisait le plus selon l'humeur du moment.

Un matin elle décidait de s'appeler Gisèle, le lendemain Nicole, quand elle était triste elle s'appelait Dolorès, quand elle était heureuse elle s'appelait Félicie, quand elle se sentait bizarre elle s'appelait Cunégonde, quand elle se sentait câline elle s'appelait Aline et ainsi de suite, chaque jour un prénom nouveau.

On pourrait penser que le fait de changer chaque jour de prénom lui posait des problèmes, par exemple que les gens ne savaient jamais comment l'appeler. Pas du tout : son prénom du jour, elle l'écrivait sur un petit carton qu'elle épinglait à sa robe, comme ça tout le monde savait à quoi s'en tenir.

Si un agent l'arrêtait et lui demandait ses papiers, elle lui montrait tranquillement sa carte d'identité : à l'endroit du prénom il y avait écrit « Sans prénom fixe », ainsi la police ne pouvait rien y trouver à redire.

Même le courrier lui arrivait régulièrement, bien que les lettres lui fussent adressées sous les formes les plus étranges, par exemple : « A la demoiselle qui le 27 novembre dernier s'appelait Valérie et aujourd'hui je ne sais comment. » Comme elle était la seule en ville à ne pas avoir de prénom fixe, le facteur savait bien à qui il devait remettre ces lettres.

Aucun inconvénient, donc, mais beaucoup d'avantages, surtout celui d'avoir chaque jour, avec ce prénom nouveau, l'impression de commencer une vie nouvelle.

Voyages et tourisme

A la gare

Il y avait une fois, et peut-être y a-t-il encore, une gare d'où l'on partait mais où l'on n'arrivait pas.

C'était une gare très fréquentée, apparemment semblable à toutes les autres, avec guichet, consigne, rails, signaux lumineux et chef de gare dûment pourvu de sa casquette et de son sifflet.

Les gens allaient au guichet et achetaient leur billet : il ne coûtait presque rien, quelques centimes seulement, et par-dessus le marché il était de grand format, presque de la taille d'une affiche, avec le panorama en couleurs de la ville où l'on voulait se rendre.

– Une première pour Paris.

– Deux secondes pour Amsterdam.

– Une première pour Madrid, aller retour.

Ce monsieur ignorait qu'on pouvait partir de cette gare très spéciale mais pas y revenir.

– Une place en wagon-lit pour New York.

Celui-ci, quant à lui, ne connaissait vraiment pas la géographie, mais l'employé lui donnait quand même le billet, illustré d'une belle photo des gratte-ciel et de la statue de la Liberté.

Munis de leur billet, les voyageurs s'installaient dans la salle d'attente, une pièce spacieuse, avec des fauteuils très confortables et un haut-parleur d'où émanait une voix douce et feutrée. Dans cette gare tout fonctionnait à merveille, jamais on n'annonçait un train en retard, jamais on ne perdait une valise.

– Attention, attention ! Le rapide pour Athènes va partir quai numéro 14, fermez les portières s'il vous plaît.

– Messieurs les voyageurs à destination de Varsovie sont priés de se rendre quai numéro 3.

– On a retrouvé un billet pour Helsinki : la personne qui l'a égaré est priée de se présenter au guichet.

C'était le seul petit ennui que l'on pouvait avoir dans cette gare.

– L'omnibus pour New York partira quai numéro neuf.

Cette dernière annonce était spécialement réservée au monsieur qui ne connaissait pas la géographie.

Mais dans la salle d'attente, personne ne bougeait : certains rêvaient, les yeux fermés, d'autres contemplaient la photo sur leur billet, d'autres encore faisaient des confidences à leurs voisins.

– Moi je vais à Moscou voir la place Rouge, et vous, où allez-vous ?

– En Allemagne, à Francfort, je vais retrouver mon fils qui a émigré là-bas.

– Moi, à Paris, je rêve de ce voyage depuis mon enfance.

– Moi, à Melbourne, en Australie...

Encore un qui ne s'y connaissait guère en trains et en géographie.

Dans la salle d'attente de cette gare, on passait des heures délicieuses, bercé par les annonces des départs et par le bruit des trains diffusé en sourdine par le haut-parleur.

Après quoi, le soir, tout le monde rentrait

à la maison. Certains passaient à la consigne retirer le sac à provisions qu'ils avaient déposé, et tous ramenaient chez eux, en souvenir, le magnifique billet avec le panorama de la ville où ils avaient rêvé d'aller.

Ma vie avec l'éléphant

Le facteur sonna. « Signez ici. » Je signai. « C'est pour vous », dit-il, et il me remit l'éléphant. Je n'avais jamais commandé d'éléphant, même en rêve, et il ne pouvait s'agir d'un de ces nombreux prix tirés au sort que proposent certaines firmes pour se faire de la publicité, car j'ai pour principe de ne jamais participer à ce genre de concours. Et pourtant l'envoi était bien à mon nom, franco de port, livraison à domicile.

« Je n'en veux pas », dis-je, mais le facteur fut intraitable : j'avais signé, désormais l'éléphant était à moi. Je dus le garder.

Ce fut ainsi que commença ma vie avec l'éléphant. Les premiers jours, je le gardai à la maison, mais c'était un drôle de problème pour lui faire descendre l'escalier quand il avait besoin de prendre l'air (pas question, bien entendu, de le faire entrer dans l'ascenseur), et puis il occupait toute ma salle à manger, accroupi, en plus, pour ne pas heurter le plafond.

Je le mis alors dans le garage de l'immeuble, mais les colocataires protestèrent. Chaque colocataire n'a droit qu'à une place de parking, par conséquent il fallait choisir : ou l'éléphant, ou la voiture. Je renonçai à garer ma voiture et la laissai dans la rue.

Comme mon budget ne me permettait pas à la fois d'acheter de l'essence pour la voiture et cinquante kilos de pain par jour pour l'éléphant, le matin, pour me rendre au bureau, au lieu de la voiture je fus obligé de prendre l'éléphant. Lui, il ne fit pas d'objections : il était très doux et, en outre, il s'avéra être beaucoup plus commode et rapide que l'autobus.

J'avais installé sur son dos un baldaquin assez élégant, mais, à vrai dire, les premiers temps j'étais gêné de sortir avec lui. Tout le monde me montrait du doigt, beaucoup se moquaient de moi. « Regarde, disaient-ils, le type à l'éléphant, le fou. » Les agents de police, quant à eux, me faisaient un sale œil, et j'en rougissais de honte.

Arrivé au bureau, je mettais l'éléphant au parking, je prenais le ticket, et je le récupérais à la sortie. Lui, il m'attendait patiemment, sans même barrir : il était docile, et personnellement je le trouvais même très beau. Bientôt il devint mon meilleur ami.

Je commençai à sortir avec lui en toutes occasions, car je m'étais aperçu qu'il aimait se promener : pour se frayer un chemin aux carrefours, il écartait délicatement les voitures avec sa trompe, et pour avertir de son passage il barrissait gracieusement.

Désormais, je ne prêtais plus attention aux gens qui se moquaient de moi. De toute façon, leur attitude ne tarda pas à changer. Ceux qui n'avaient qu'un chat, un chien ou un canari crevaient d'envie, puis les journaux commencèrent à parler de moi et publièrent même des photos où l'on me voyait juché sur l'éléphant tandis que nous nous promenions dans le centre ville.

De nombreuses personnes me proposèrent alors de le leur vendre : pensez-vous, maintenant j'avais bien trop d'affection pour lui.

Je recevais de tous côtés des invitations à des fêtes et réceptions. « Surtout, venez avec votre éléphant », me recommandait-on. Vous ne pouvez pas imaginer le succès qu'il avait dans les salons ! On le goinfrait de gâteaux, et à moi on me disait :

– Quel original ! C'est un poète, ou un maharadjah qui tient à garder l'incognito ?

Mon chef de bureau me l'emprunta pour un week-end et c'est peut-être pour cela que, peu après, j'eus une promotion. Un entrepreneur me demanda de le lui prêter pour lui donner un coup de main (ou plutôt un coup de trompe) pour des travaux urgents, et lui, il mit beaucoup de bonne volonté à transporter des matériaux de construction, tout content de contribuer ainsi aux frais de son entretien.

Les enfants du quartier venaient jouer avec lui dans la cour, et je dus même organiser des promenades collectives. Ils montaient sur son dos et lui il les baladait en ville, au milieu de l'admiration générale. Quand il apparut dans le parc, le pauvre bonhomme qui promenait les enfants sur un petit âne se retrouva au chômage.

Je me fis beaucoup d'amis : des centaines d'enfants me téléphonaient pour réserver une excursion, leurs parents me couvraient de cadeaux.

Ce fut la période la plus belle de ma vie, mais hélas ! elle eut une fin. Un jour se présentèrent chez moi deux messieurs avec un tas de certificats en règle : l'éléphant appartenait à un cirque, il m'avait été remis à la suite d'une erreur de distribution. Je dus le rendre, et la seule chose qui me consola fut qu'il irait dans un cirque, où il mènerait une vie certainement plus amusante qu'avec moi. J'avoue cependant qu'en le quittant j'avais les larmes aux yeux.

J'y repense souvent, à mon cher éléphant ; avec lui j'ai passé une période inoubliable. Et je plains ceux qui dans leur vie ne font pas au moins une expérience étrange, un peu folle. Si vous me permettez un conseil, dès que vous aurez assez d'argent, achetez-vous un éléphant : vous passerez des jours merveilleux. Moi, malheureusement, de l'argent, je n'en ai pas. Le seul espoir qu'il me reste, c'est une autre erreur de distribution !

Contes sur les contes

Les mésaventures d'un vieux conte

Sur la plus haute étagère d'une bibliothèque il y avait un vieux livre relié en cuir, que personne ne lisait depuis des années. C'était un recueil de contes, et l'un d'eux, qui en avait assez de rester enfermé dans ce volume poussiéreux, décida de s'en aller voir ce qui se passait dans le monde.

– Tu es fou ! lui dirent ses collègues. Nous sommes de très vieux contes de jadis, des siècles se sont écoulés depuis notre naissance, et ça fait si longtemps que nous ne sommes sortis d'ici. Tout doit être changé depuis notre époque : qui sait comment est devenu le monde...

Mais c'était justement cela qui intriguait notre conte, et rien ne put le retenir. Il sortit de ses pages jaunies, emmenant bien entendu avec lui tous ses personnages : un roi, un berger, un troupeau de moutons et un loup.

A peine eut-il franchi la porte de la bibliothèque, il fut ébloui par les merveilles d'une ville moderne qu'il n'aurait jamais pu imaginer. Mais il n'eut même pas le temps de s'exclamer : « Comme c'est beau ! », car aussitôt déboula une fourgonnette municipale, des employés de la fourrière embarquèrent son loup, l'emportèrent au zoo et le bouclèrent dans une cage.

Entre-temps, à cause des moutons, il s'était formé un énorme embouteillage : un agent de police accourut, dressa une contravention au berger et lui confisqua ses moutons.

Désormais au chômage, le berger chercha un autre emploi et eut la chance de se faire embaucher comme ouvrier, travail qu'il trouva moins fatigant et mieux payé.

Cependant, le roi, resté seul, errait dans les rues du centre, ravi de constater que tout le monde se retournait pour le regarder. En effet, non seulement il était grand et avait une très belle barbe, mais il portait avec beaucoup d'élégance la couronne et le manteau royal.

Il fut encore plus flatté quand deux messieurs l'accostèrent :
— Vous êtes le personnage idéal que nous cherchions, lui dirent-ils. De plus, votre accoutrement nous convient parfaitement.

Ils l'emmenèrent dans un studio de télévision, braquèrent sur lui deux projecteurs et lui mirent entre les mains un fromage.
— Souriez, lui ordonnèrent-ils, et dites : « Avec ce fromage, moi, je suis heureux comme un roi ! »

Il répéta la phrase avec une majestueuse solennité qui réjouit ses deux employeurs : ils lui offrirent un excellent contrat pour faire le roi dans une vingtaine de spots publicitaires, et lui, aux anges, accepta.

Se retrouvant sans loup, sans berger, sans moutons et sans roi, le pauvre conte retourna en vitesse à la bibliothèque s'enfermer dans son livre. Il raconta ses mésaventures à ses collègues, et tous le plaignirent :
— Nous t'avions bien dit de ne pas sortir !
— Comment vas-tu faire maintenant que tu as perdu tous tes personnages ?
— Si quelqu'un veut te lire, dans l'état où tu es, que vas-tu lui raconter ?

Peu de temps après arriva dans la bibliothèque une petite fille qui se mit justement à lire ce livre. Mais bien vite ces vieilles histoires démodées commencèrent à l'ennuyer. Elle était sur le point de refermer le livre quand elle tomba sur le conte qui avait perdu son loup, son berger, ses moutons et son roi. Celui-ci n'avait évidemment plus rien d'autre à raconter que ses mésaventures en ville, et c'est ce qu'il fit, tout penaud. Quelle ne fut pas sa surprise lorsqu'il s'aperçut que la petite fille s'amusait follement : plusieurs fois, il l'entendit éclater de rire !

Du coup, le vieux conte se sentit rajeunir, et depuis lors il est très fier d'être devenu un conte moderne amusant.

Un peu de confort

— Au fond, nous assurons un service d'utilité publique, déclarèrent-ils. Nous aussi, nous avons droit à un minimum de confort.

Ma foi, ils n'avaient pas tort : leurs personnages ne menaient certes pas une vie de tout repos. Il suffit de penser à ce jeune orphelin qui s'en va chercher fortune et marche, marche, marche encore durant des jours et des jours, parfois au milieu d'une tempête de neige, sans parapluie ni sabots. Ou à ces petits frères qui se perdent dans une forêt au risque de mourir de faim, ou bien à tous ces chevaliers, demoiselles, paysans qui, siècle après siècle, devaient continuer à tirer l'eau du puits, laver le linge à la rivière, souper à la faible lueur d'une chandelle.

Dans les contes de fées, on avait toujours vécu de cette façon, mais pendant ce temps le monde avait bien changé.

— Nos personnages ont droit eux aussi à un minimum de confort, exigèrent un jour les contes. Alors ils adressèrent des requêtes au ministre de la Culture et à celui des Finances, ils signèrent des pétitions, ils en arrivèrent même à menacer de faire grève.

A force de protester, ils obtinrent enfin que chez eux aussi on installe l'eau courante, le gaz, l'électricité et le chauffage central. Mais, c'est bien connu, on prend vite goût au confort : c'est comme pour les cerises, l'une fait descendre l'autre.

Les rois, reines et gentilshommes exigèrent le téléphone dans leurs palais et châteaux, car ils en avaient assez d'attendre des semaines et des semaines l'arrivée des messagers à cheval. Puis ils exigèrent l'air conditionné et la télévision. A leur tour, les paysans voulurent profiter de tous ces avantages dans leurs chaumières, puis les bandits aussi dans les grottes où ils se cachaient.

Dans les villages les plus reculés, les aubergistes firent équiper leurs auberges de fours électriques, réfrigérateurs et percolateurs : ainsi, les chevaliers en quête d'aventures qui descendaient chez eux pouvaient commander un gigot cuit à point, une orangeade glacée ou un express (éventuellement suivi d'un bon pousse-café), pour reprendre des forces avant d'affronter un dragon ou quelque terrible géant.

Bientôt, grâce à la diffusion rapide de toutes ces commodités, la vie dans les contes changea. Les enfants perdus dans la forêt ne risquaient plus désormais de mourir de faim, car il y avait partout des kiosques où l'on vendait toutes sortes de sandwichs, brioches, gâteaux, sans parler des nombreuses cabines téléphoniques d'où ils pouvaient appeler chez eux pour rassurer leurs parents. Quant aux jeunes gens qui devaient faire face à un tas de dangers pour découvrir l'endroit où était enseveli un trésor, ils se procurèrent un détecteur de métaux qui leur permettait de le trouver facilement, sans le moindre risque. Les auberges étaient maintenant toutes pourvues de jeux vidéo, si bien que les chevaliers qui y logeaient ne pouvaient plus se décider à en repartir : ils s'amusaient bien plus à abattre les envahisseurs extraterrestres qu'à affronter les ogres, dragons et géants.

Cependant, les usagers devenaient de plus en plus exigeants. Les fées, après le téléphone, voulurent un répondeur automatique pour ne pas être dérangées tandis qu'elles regardaient la télévision. Marchands, voyageurs et jeunes amateurs d'aventures, qui en avaient assez de voyager inconfortablement à pied, à cheval ou dans des diligences bringuebalantes, menacèrent de ne plus bouger si on ne leur fournissait pas une auto, ou au moins une moto. Les rois et reines exigèrent une Rolls Royce d'apparat, et les sorcières, fatiguées de voler à califourchon sur un balai, demandèrent un hélicoptère personnel.

Plus il y avait de commodités, plus les contes se modifiaient, devenant carrément méconnaissables. Cendrillon, maintenant qu'elle disposait d'une machine à laver, d'un lave-vaisselle et d'un aspirateur, expédiait en dix minutes tous les travaux ménagers et, avec la permission de sa marâtre, enfourchait chaque soir son vélomoteur pour aller danser. La marâtre, en effet, n'était plus jalouse d'elle puisque ses filles, grâce aux produits de beauté et aux esthéticiennes, étaient devenues très belles et pouvaient prétendre, elles aussi, à épouser un prince.

L'histoire du Petit Chaperon rouge se transforma également. Depuis qu'on lui avait installé le téléphone, elle composait le numéro et disait :

– Allô, grand-mère ? Tu n'es pas encore guérie ? Bon, alors, avec la galette, je vais t'apporter de l'aspirine effervescente... Non, non, ne t'inquiète pas pour le loup, je ne traverse pas le bois à pied, je prends le car.

Même chose pour les histoires de Blanche-Neige, du Petit Poucet, de Jeannot et Margot, bref, pour tous les contes célèbres. De l'avis général, ils devinrent beaucoup plus excitants. Essayez de les imaginer : l'imagination va très bien avec le progrès.

Le conte qui avait perdu la mémoire

Il était une fois un conte très vieux qui, au fur et à mesure que les années passaient, perdait la mémoire. Désormais, il en était arrivé à tel point qu'il avait de plus en plus de peine à se souvenir de l'histoire qu'il devait raconter.

Un soir, il alla dans une ferme où l'attendaient trois frères. Ils s'installèrent au coin du feu et il commença :

– Il était...

Il s'arrêta, perplexe.

– Il était quand ? Hier ? Avant-hier ?... Ah, je me souviens : une fois. Donc, il était une fois...

Il s'arrêta à nouveau.

– Il était une fois qui, au fait ? Attendez que je réfléchisse un peu, ça va me revenir... Voilà, j'y suis. Il était une fois un jeune garçon qui s'appelait... Mince alors, j'ai son nom sur le bout de la langue. Il me semble que c'était Jacques... Non, François... Oh ! je ne sais plus.

— Ça ne fait rien, continue, l'encouragèrent les enfants.

— Bon, mettons qu'il s'appelait Machin. Un jour, il lui arriva un terrible malheur : il resta veuf... Non, qu'est-ce que je raconte, il était trop petit pour être déjà marié. Je me suis trompé : il ne resta pas veuf, il resta orphelin. Le pauvre Machin ne savait comment faire. Il pleurait à longueur de journée, quand lui apparurent quatre fées... Non, il me semble qu'elles étaient cinq... Attendez, je vérifie...

Il sortit un mouchoir, compta les nœuds qu'il y avait faits.

— Elles étaient trois. Chacune avait une particularité...

Faisant de gros efforts pour se souvenir, il se mordait les lèvres, levait les yeux au ciel, plissait le front.

— Leur habillement ?... suggéra un enfant pour l'aider.

— Un fuseau d'or ?... souffla un autre.

— Non. Un peu de patience, vous m'embrouillez. Ah oui ! je me souviens, c'était la couleur des cheveux. L'une était blonde, une autre était... était...

— Brune ?

— Oui, brune ! Comment as-tu deviné ? Quant à la troisième... Voyons : verte, non ; violette, non plus... Châtain, voilà, elle était châtain ! Chacune, pour aider le pauvre enfant, lui fit un cadeau magique... Alors là, par exemple, c'est drôlement difficile de se les rappeler, ces cadeaux, car c'étaient trois choses très bizarres...

Il ferma les yeux, se gratta la tête : rien à faire, pas moyen de s'en souvenir.

— Que je suis bête ! s'exclama-t-il. Mes notes ! Pour être sûr de ne pas les oublier, ces trois choses, je les ai notées sur un bout de papier.

Il fouilla dans ses poches, mais il eut beau fouiller, impossible de retrouver le papier.

— Quel dommage, j'ai oublié de l'apporter. Mais si vous m'accordez quelques instants de réflexion, ça va sûrement me revenir.

Pendant qu'il continuait à se creuser inutilement la cervelle, les enfants s'impatientaient de plus en plus.

— Alors ?

— Eh bien quoi, tu continues, oui ou non ?

— Excusez-moi, les enfants, mais je suis complètement perdu. Je crois qu'il vaut mieux renvoyer la suite à demain. Je rentre à la maison mettre un peu d'ordre dans mes idées. Rendez-vous ici demain soir.

Arrivé chez lui, il repassa l'histoire bien comme il faut, il se plaça même devant la glace pour la répéter.

Le lendemain soir, avant de sortir, il se la récita une dernière fois.

— Bon, maintenant, se dit-il avec satisfaction, plus de problème, je la sais par cœur d'un bout à l'autre.

Mais dès qu'il fut sorti de chez lui :

— Et maintenant, au fait, où diable avais-je l'intention d'aller ? se demanda-t-il.

Le conte pressé

Il mangeait ses mots et ne reprenait jamais son souffle, son histoire il la racontait si vite qu'au bout d'une minute à peine il était déjà à la fin :

— ... ils vécurent heureux et eurent beaucoup d'enfants.

C'était l'histoire d'un jeune homme qui disait à son père :

– Papa, je m'ennuie à la maison. Je m'en vais faire le tour du monde, comme ça je connaîtrai un tas de choses nouvelles, j'aurai beaucoup d'aventures, et je ne reviendrai qu'après avoir fait fortune...

A partir de là commençaient les fascinantes aventures du jeune homme.

Mais lui, le conte pressé, il les racontait ainsi :

– Salut papa, dit-il, et hop le v'là parti... Il

rencontra un vieux sage qui lui dit : si tu veux faire fortune, etc., etc. D'accord, le rev'là parti... Alors il rencontra les bandits... Grande bagarre, pim, poum, pam !... Puis les sept génies du mal... Même topo... Mais paf, prisonnier, enchaîné... Le château de l'Ogre, bien sûr... Par chance la fille de l'Ogre... bref, la vieille histoire d'amour... elle l'aidait à s'enfuir... Le rev'là encore par monts et par vaux, etc., etc. Allons bon, le royaume du terrible Tyran bleu !... Duel final, pim, poum, pam !... Comment ça finit, pas difficile à deviner... or et bijoux à gogo... Retour triomphal au bercail, la richesse, mariage avec la fille, ils vécurent heureux, etc.

Dès qu'il avait fini, le conte sautait dans un taxi pour aller répéter son histoire dans une autre maison. Mais il avait de la peine à y arriver, car il mangeait ses mots même en donnant l'adresse au chauffeur :

— Vite, disait-il, rue... oui, enfin, par là-bas... au sept... Vite, je suis pressé !

Le conte précis

Il était une fois, plus précisément le 18 mai 1673, c'est-à-dire il y a trois cent-seize ans, une jeune fille qui s'appelait Antoinette Durand, Nénette pour les intimes. Fille de Léonard Durand, né le 27 février 1632, profession : paysan, et de Séraphine Dupont, sans profession, née le 4 janvier 1638, Antoinette Durand, dite Nénette, était venue au monde le 16 mars 1657, et donc, en ce matin du 18 mai 1673, elle avait exactement seize ans, quatre mois et deux jours.

Fille unique, illettrée (pas par sa faute, mais parce qu'elle n'avait pu fréquenter aucune école), taille : 1 m 71, cheveux blonds tirant sur le roux, teint clair, signe particulier : grain de beauté sur l'épaule droite, elle était de robuste constitution, même si dans son enfance, respectivement à cinq et sept ans, elle avait eu les oreillons et la varicelle.

Elle vivait avec ses parents et une cousine orpheline âgée de quinze ans. Ladite cousine, Sandrine Dupont, dont les parents défunts s'appelaient Henri Dupont et Marie Duroc, était gracieuse mais, il faut bien le dire, un peu cancanière : enfin, peu importe, car elle ne joue aucun rôle dans le présent récit.

Antoinette Durand, que dorénavant nous désignerons par son diminutif Nénette, habitait une ferme composée de trois pièces, une cuisine et des cabinets, ces derniers étant à vrai dire situés à l'extérieur de la ferme, à trois mètres de l'entrée, sur la gauche, à proximité d'un noyer. La ferme était située dans le hameau de La Bâtie-Vieille, faisant partie de la commune de La Bâtie-Neuve, dans le sud du Dauphiné, qui était à cette époque-là une des provinces du royaume de France.

Ce matin du 18 mai 1673, il était un peu plus de dix heures du matin, plus précisément ça faisait sept minutes que dix coups avaient sonné au clocher de la petite église voisine, dont le curé était le révérend père

Jean Dutronc, soixante-dix-sept ans, qui avait une verrue sur le nez, lequel nez d'ailleurs coulait sans arrêt en hiver, ce matin-là, donc, à dix heures et sept minutes, le soleil était déjà haut dans le ciel bleu (à part quelques nuages accrochés là-haut au sommet de la montagne du Chaillol), et Nénette était en train d'arroser une rangée de dix-huit choux plantés dans la partie le plus à l'ombre du potager, côté nord...

(A ce point du récit, ceux qui écoutaient l'histoire commençaient à donner des signes d'impatience, mais le conte poursuivait imperturbablement.)

Donc Nénette avait maintenant vidé aux trois quarts son arrosoir, quand, sur le chemin qui conduisait de La Bâtie-Neuve à La Bâtie-Vieille, à seize mètres environ de l'entrée du hameau, elle vit s'avancer une fée, dont le nom, l'âge et le domicile sont malheureusement inconnus, qui portait un manteau bleu ciel sur une jupe plissée et un corsage blanc à broderies multicolores.

Arrivée au portillon en bois du potager, la fée l'ouvrit facilement car la chaîne qui servait à le fermer était cassée depuis six

mois et demi, puis, se faufilant entre un poirier et la plate-bande de tomates, elle se dirigea vers Nénette et s'arrêta à deux ou trois pas d'elle, plutôt trois quand même.
— Bonjour, Nénette, dit-elle en se grattant l'oreille gauche.

Mais pour bien faire comprendre ce qui se produisit ensuite, il vaut mieux procéder à une description précise de la scène. Il est maintenant dix heures et neuf minutes, le soleil resplendit au-dessus du potager de la famille Durand, et plus généralement au-dessus de toute la région. Les personnages présents dans le potager sont : Nénette avec son arrosoir aux trois quarts vide à la main, et en face d'elle la fée qui vient juste de se gratter pour la deuxième fois l'oreille gauche. En plus il y a un chien, qui est un croisement de boxer et de chien-loup, et que le père de Nénette a baptisé Médor ; pour le moment il est endormi, couché à moitié hors de sa niche et à moitié dedans ; il a sept ans et un de ses crocs est cassé, parce qu'il aime jouer avec les pierres et les mordre ; de toute façon lui non plus il ne joue aucun rôle dans le récit car il restera endormi jusqu'à la fin de l'histoire. En plus il y a quelques milliers de fourmis (environ sept mille trois cents) qui vont et viennent de la fourmilière à un hanneton mort, treize hannetons vivants qui volent de-ci, de-là, deux lézards dont un sans queue, un petit papillon blanc et un gros papillon jaune, et enfin un pinson célibataire posé sur une branche de pommier.

(Les auditeurs ronchonnaient de plus en plus :
– Laisse tomber les détails !
– Dis-nous plutôt ce qui s'est passé !
Patiemment, le conte reprenait son récit.)

Maintenant que vous avez une vision précise du décor dans lequel advint la rencontre de Nénette et de la fée, je suis plus à l'aise pour vous rapporter leur conversation, et je vais le faire textuellement, pour vous permettre de mieux comprendre les extraordinaires péripéties qui suivront.

Après avoir dit bonjour à Nénette et s'être gratté pour la troisième fois l'oreille gauche, la fée resta muette pendant quatorze secondes, regardant Médor avec une certaine inquiétude.

– Il mord ? demanda-t-elle à la quinzième seconde.

— Non, non, soyez tranquille, il est très gentil.
— Bien. Sais-tu qui je suis ?
— Une fée.
— Exact, admit-elle, un peu déçue. Comment as-tu fait pour t'en apercevoir ?

Nénette demeura pensive durant sept secondes, puis elle posa par terre l'arrosoir et dit :
— Je l'ai deviné.
— Dommage, moi qui espérais te réserver la surprise... Quels beaux cheveux tu as ! C'est leur couleur naturelle ?
— Bien sûr, je ne les lave qu'à l'eau et au savon.

(Les protestations des auditeurs fusaient de toutes parts :
— Ça suffit, quoi, raconte !
— Fiche-nous la paix avec ces détails !
— Vas-tu te décider à nous dire ce qui s'est passé ?

Un peu contrarié, le conte poursuivait quand même sans se laisser impressionner.)

Que voulez-vous, le dialogue, moi, je le rapporte tel quel, exactement comme il s'est déroulé. Ce n'est pas ma faute si

Nénette et la fée parlaient comme ça à bâtons rompus, je ne peux pas faire semblant de ne pas avoir entendu ce qu'elles disaient.

– A propos... dit la fée.

Elle se souvenait tout d'un coup qu'elle était venue là pour faire de la magie, un enchantement qui devait changer le destin de Nénette. Toutefois, au sujet de cette magie, il convient de préciser qu'il s'agissait d'une fée de deuxième catégorie. Les fées, vous le savez peut-être, se subdivisent en trois catégories : celles qui appartiennent à la deuxième catégorie ont évidemment un répertoire magique inférieur à celui des fées de première catégorie, et supérieur à celui des fées de troisième catégorie. Il faut aussi tenir compte du fait que les fées de deuxième catégorie...

(Depuis le début du récit il s'était écoulé exactement trente-deux minutes vingt-deux secondes et trois dixièmes, et maintenant s'élevaient des hurlements de protestation :

– Ça commence à bien faire !

– Au vestiaire ! Va te rhabiller !

– Tu nous casses les oreilles !

– Tu nous casses les pieds !

— Tu nous casses ceci, tu nous casses cela, tu nous casses le reste !...

Les uns après les autres, tous se levaient et s'en allaient, furieux.

Le conte, surpris, n'y comprenait rien, bien que ce ne fût pas la première fois que pareille chose lui arrivait. A vrai dire, ça lui arrivait même toutes les fois qu'il essayait de raconter son histoire. Se retrouvant seul, comme d'habitude, il se mit à hocher la tête et à marmonner) :

Je ne comprends vraiment pas pourquoi personne n'apprécie les efforts que je fais pour être précis. Et pourtant, pour rendre une histoire encore plus belle et intéressante, c'est bien cela qu'il faut faire : la raconter exactement, dans ses moindres détails...

Conte cruel

Un commerçant de Milan eut une curieuse idée pour gagner de l'argent. Étant donné qu'en ville on ne trouvait pratiquement plus de contes de fées, il décida de partir à la recherche des quelques rares personnes qui en connaissaient encore, c'est-à-dire des vieilles femmes, maintenant grand-mères et arrière-grand-mères, que l'on ne trouvait plus désormais que dans les campagnes les plus reculées.

Ainsi il commença, avec un camion, à sillonner la province, village après village.

– J'achète ! J'achète ! criait-il dans son micro. Qui a à vendre des grand-mères connaissant des contes ?

Il en trouva pas mal, et bon marché, car, pour beaucoup de familles, les personnes âgées sont une charge encombrante.

Après avoir rempli son camion, il les emmenait en ville, les nettoyait, les habillait correctement et les mettait en vente, passant des petites annonces dans les journaux.

« OCCASION A SAISIR ! Vends à prix modique grand-mère en bon état, connaissant un tas de contes. Parents, plus de problèmes pour endormir vos enfants le soir, ainsi après dîner vous pourrez sortir en les laissant tranquillement à la maison. Une grand-mère qui connaît tant d'histoires est un vrai trésor ! En outre, elle mange très peu, et vous pouvez l'installer dans un débarras. »

Ces grand-mères de la campagne étaient très recherchées, les citadins se les arrachaient, et le commerçant faisait des affaires d'or.

Mais un jour, un couple de parents lui rapporta une grand-mère qu'ils venaient d'acheter :

– Elle ne marche pas, protestèrent-ils.

– Comment ça, elle ne marche pas ? Vous voulez dire qu'elle n'est pas d'accord ?

– Non, elle ne fonctionne pas, elle est défectueuse, elle ne raconte rien. Nous avons essayé de la mettre au pain sec, nous lui avons même tiré les cheveux, mais elle refuse de parler. En fait de trésor, elle ne vaut rien du tout. Rendez-nous notre argent.

Le commerçant dut la reprendre et rendre l'argent.

Il l'examina : elle était petite, menue, elle avait les cheveux blancs et beaucoup de rides, et pourtant elle semblait encore en bon état.

– Il n'y a pas de raison que tu ne marches pas, dit-il, celui qui t'a vendue m'a assuré que tu en connais beaucoup, des histoires. Allez, raconte ! lui ordonna-t-il.

Motus et bouche cousue.

– Ne fais pas la têtue ! Parle !

Il la secoua, il la pinça, rien, elle faisait seulement :

– Mmm... mmm...

– Et maintenant, qu'est-ce que je vais en faire ? se demanda-t-il. Pas de doute, elle ne marche pas.

Il était sur le point de la jeter, quand il s'aperçut qu'elle faisait d'étranges gestes avec les mains. Alors il comprit : elle était sourde-muette.

– Quelle chance ! s'exclama-t-il. C'est pour le coup que, toi, tu représentes un vrai trésor, tu vaux beaucoup plus que les autres !

Et en effet, il réussit à la vendre à un institut d'enfants sourds-muets.

Ce conte est cruel, je le sais, mais il finit bien.

Dans cet institut, la vieille dame sourde-muette fut choyée comme un coq en pâte. Pour ces enfants, c'était comme s'ils avaient trouvé une mine d'or, et ils l'adoraient. Quand elle racontait une histoire, et elle en savait beaucoup, avec tous les gestes qu'elle faisait c'était comme si elle dirigeait un orchestre et comme si une musique colorée remplissait de joie l'institut.

Les affaires sont les affaires

Le boom

Il y eut un grand essor industriel : le boom, comme l'appelaient les experts, et c'était effectivement un boum (ça se prononce ainsi), aussi fort qu'un coup de canon.

Les industries fabriquaient des tas de cafetières, et tous les gens en eurent chez eux au moins deux de chaque modèle, à une, à trois et à six tasses. Elles fabriquaient des réfrigérateurs et des machines à laver, et tous les gens, enthousiasmés par la publicité, en voulurent au moins un exemplaire. Elles fabriquaient des téléviseurs, et chaque citoyen, s'endettant s'il le fallait, en eut un grand et un portatif. Elles fabriquaient des autos, et tout le monde en achetait au moins une à crédit.

A un certain moment, toutefois, commença à se profiler la crise, comme l'appe-

lèrent les experts. Les patrons des usines se réunirent pour discuter de la situation.
— Il faut absolument que le boom continue, sinon comment ferons-nous pour gagner de l'argent ?
— Pour gagner de l'argent il faut vendre...
— ... et diminuer le coût de production. Pensez à ce que nous dépensons pour payer les ouvriers.

Un industriel leva la main :
— J'ai une idée. Licencions-les, ça nous fera économiser les salaires. Fabriquons des ouvriers mécaniques qui travailleront gratis.
— Formidable ! s'exclamèrent-ils tous.

Les industriels se mirent à fabriquer de parfaits robots, si parfaits qu'il n'y avait plus besoin d'ouvriers ni d'employés en chair et en os.

Les industriels se réunirent à nouveau.
— Maintenant le boom peut continuer.
— C'est vrai, maintenant nous pouvons fabriquer n'importe quoi.
— Mais qui va acheter ce que nous fabriquons si les ouvriers et les employés sont au chômage et n'ont plus d'argent !

Un industriel leva la main.

– J'ai une idée : fabriquons des robots qui achèteront ce que nous produisons.
– Très juste ! approuvèrent-ils tous.

En effet, si en plus des ouvriers mécaniques qui travaillaient gratis il y avait des acheteurs mécaniques qui achetaient n'importe quoi, même les choses les plus inutiles, on pourrait produire et vendre à l'infini.

On fabriqua les acheteurs mécaniques et c'est alors que commença le super-boom. On produisait de tout : de l'herbe métallique, des autos à deux étages, des morceaux de ciel en cristal, des boîtes de viande artificielle, des bouteilles de brouillard, et tout cela se vendait très bien.

Dans ce pays le boom continue toujours, il s'est même encore perfectionné : désormais, il n'est habité que par des robots, et les experts, mécaniques eux aussi, ne cessent de répéter de leur petite voix métallique :
– Jamais on n'a vu un boom pareil !

L'affairiste

Ce fut la mode de la saison, surtout à cause d'une astucieuse publicité télévisée s'adressant aux parents. Cette publicité, entre autres choses, disait : « Parents, aimez-vous vos enfants ? Les priver de Pipaubec, c'est comme les mettre au pain sec ! »

Pères et mères couraient acheter Pipaubec pour l'offrir à leurs enfants. On en voyait partout : dans la rue, dans les jardins, même sur les terrasses. Un tel succès provenait aussi de sa nouveauté, car dans ce pays l'hiver était doux et il ne neigeait jamais : Pipaubec était en effet un bonhomme de neige, qu'un affairiste avait eu l'idée de fabriquer en série. La matière première – la neige –, il la faisait venir de lointaines montagnes, et elle était façonnée dans une grande usine.

Sur la chaîne de montage, une presse modelait le bonhomme dans un moule, on lui mettait deux boutons en guise d'yeux, un tire-bouchon en guise de nez, on lui nouait au cou une petite écharpe de laine rouge et, au modèle de luxe, on enfilait dans la bouche une pipe, d'où son nom. Dès qu'ils étaient finis, les bonshommes étaient placés dans de vastes chambres froides, où des camions venaient les chercher pour les livrer à domicile. Les enfants en raffolaient : certains les mettaient même dans le salon.

Pendant quelques années l'affairiste gagna beaucoup d'argent, d'autant que (et c'est précisément là-dessus qu'il avait basé ses calculs), avec cette température douce, les bonshommes fondaient vite et il fallait sans cesse en racheter.

Seulement voilà : il y eut un hiver exceptionnellement froid et, chose jamais vue, il neigea : avec toute cette neige dans les rues, les enfants pouvaient aisément se fabriquer leurs bonshommes tout seuls, et ainsi, non seulement ils s'amusaient bien plus, mais en outre ils faisaient faire des économies à leurs parents.

La crainte de ne plus pouvoir vendre ses bonshommes donna à l'affairiste une autre idée : il lança une campagne publicitaire massive, de celles qui impressionnent tant les parents : « Vos enfants, vous les aimez vraiment ? Vous ne voulez pas faire leur malheur ? Écoutez les plus grands professeurs : contre la neige il faut qu'on les protège, sinon bonjour la pneumonie, et adieu la vie ! »

Aussitôt les parents interdirent à leurs enfants de toucher la neige : gare à qui s'avisait de faire un bonhomme, car alors les gifles pleuvaient.

Du coup, l'affairiste, lui, gagna encore plus d'argent : en effet, avec toute cette neige à sa disposition, il pouvait produire des bonshommes à un prix de revient très bas.

Étrange métier que celui d'affairiste, allez-vous dire : on gagne toujours de l'argent. C'est vrai, mais il y a la concurrence. Et, de fait, un affairiste encore plus entreprenant que le premier eut une idée qui mit l'autre en faillite. A grand renfort de publicité (sans même se fatiguer, lui, à chercher des rimes), il lança sur le marché le bonhomme de neige en plastique, parfaitement imité : « Parents, non seulement vous ferez des économies, mais vos enfants ne se gèleront pas les menottes en touchant mes bonshommes : tous les savants affirment que les jouets humides sont très dangereux ! En outre, mes bonshommes ne risquent pas de mouiller votre salon, et vos chers enfants peuvent même les emmener tranquillement au dodo avec eux ! »

Les parents, naturellement, se précipitèrent pour les acheter. Quant aux enfants, non seulement ils n'eurent jamais plus la joie de se fabriquer eux-mêmes un bonhomme de neige, mais, à la longue, ils finirent par croire que les vrais bonshommes de neige étaient en plastique.

Le P.-D.G. qui voulait dormir tranquille

Le P.-D.G. Larigot était un industriel qui gagnait les milliards à la pelle.

– Vous en avez de la chance, monsieur Larigot, lui disait-on de tous côtés, comme on vous envie, avec ce que vous gagnez vous n'avez certainement aucun problème.

Et pourtant il en avait un, de problème, le P.-D.G. Larigot : il avait l'obsession des cambrioleurs. A toutes les fenêtres des cinquante-huit pièces et des six salles de bains et aux quatre portes de sa villa il avait fait appliquer des grilles très robustes : d'abord en fer, puis en acier, puis d'autres plus modernes et résistantes en acier au carbone, qui coûtent les yeux de la tête. A l'intérieur étaient installés les systèmes d'alarme les plus sophistiqués : sonneries incorporées aux vitres et aux barreaux de chaque fenêtre, rayons infrarouges signalant tout mouvement suspect dans la maison, calorimètres sensibles à la moindre source de chaleur, et donc à n'importe quel corps à sang chaud, ou même tiède. Pour plus de sûreté il avait acheté en Suisse un coffre-fort aux parois d'acier de un mètre d'épaisseur, et il l'avait fait sceller dans un mur portant, de telle manière que si quelqu'un essayait de l'en extirper, la maison s'écroulerait sur lui.

Ne se sentant encore pas tranquille, il avait fait disséminer dans le jardin des dizaines de projecteurs qui la nuit éclairaient chaque brin d'herbe, et autant de caméras en circuit fermé pour filmer tout cambrioleur qui serait parvenu à franchir les fils à haute tension surmontant le mur d'enceinte. Pour se sentir encore plus en sûreté, il laissait en liberté dans le jardin une meute de bergers allemands, tous diplômés de H.E.C. (école des Hautes Études Canines) et dressés à ne faire qu'une bouchée des voleurs. En plus il y avait, cachés dans l'herbe, toutes sortes de pièges électroniques et de mines antipersonnel. Pour être davantage rassuré, il avait passé à prix d'or un contrat avec une société de gardiennage et, nuit et jour, douze vigiles, entraînés par la C.I.A., tournaient sans arrêt autour de la villa dans des voitures blindées.

Le soir, en rentrant du travail, le P.-D.G. Larigot pouvait ainsi ouvrir en toute quiétude les treize serrures à dix tours de la grille et de la porte d'entrée et, bien certain qu'il n'aurait pas de mauvaises surprises, profiter pleinement de sa splendide villa. Il s'asseyait sur l'unique chaise qui constituait en tout et pour tout l'ameublement des cinquante-huit pièces, il prenait dans le réfrigérateur la bouteille de lait, il en buvait un verre, puis il se couchait sur l'unique lit de camp installé dans une des douze chambres. Il n'y avait absolument rien d'autre dans la villa, pas un tableau, pas un tapis, pas même un portemanteau. Tous les milliards qu'il gagnait, il les dépensait dans des systèmes de sécurité pour se protéger des voleurs. Ainsi, même s'il lui manquait un peu de confort, la nuit il pouvait dormir tranquille.

Robots

Regrets

— Si au moins j'avais pu vivre comme les jeunes d'aujourd'hui ! dit Astor.
— Malheureusement, nous sommes nés à une autre époque ! soupira Grak. Nous ne pensions qu'à travailler, nous, c'était vraiment une autre mentalité. Ils en ont de la chance, eux, de pouvoir satisfaire tous leurs désirs !
— Hé oui, si seulement nous avions pu faire de même !

Assis au soleil, sur la terrasse de l'hospice où ils étaient hébergés depuis des années, Astor et Grak, désormais vieux et pleins d'infirmités, avec des douleurs incessantes dans leurs articulations qui grinçaient, avaient continuellement besoin de soins.

Une infirmière s'approcha avec un plateau.

— Vous préférez déjeuner ici ? demanda-t-elle.

Elle posa sur la table deux boîtes en fer avec des pailles, et Astor et Grak aspirèrent goulûment toute l'huile lubrifiante qu'elles contenaient.

Cet hospice était réservé aux vieux robots devenus inaptes au travail. Ce pays était en effet à l'avant-garde dans la construction de modèles de plus en plus perfectionnés : après ceux programmés pour accomplir des opérations simples, par exemple trouer une tôle ou visser un boulon, on était passés à ceux capables d'effectuer des travaux complexes, puis carrément aux robots pensants. Et on continuait toujours à les perfectionner.

— Ce sont vraiment de sacrés veinards, ceux de la nouvelle génération, remarqua Astor. Regarde-les : aurais-tu jamais pu imaginer une chose pareille ?

Dans la rue, devant l'hospice, étaient en train de passer deux jeunes robots enlacés.

— Ils ont l'air pleinement heureux, dit Grak, moi aussi je les envie.

— Toi, de quel sexe aurais-tu voulu être ? demanda Astor. Masculin ou féminin ?

— Je ne sais pas, je n'arrive pas bien à comprendre la différence.

Les tout derniers modèles, fabriqués en deux versions, homme et femme, étaient capables non seulement d'accomplir n'importe quel travail, mais aussi de tomber amoureux.

— Rentrons, proposa Astor. Le soleil s'est couché, et je commence à sentir l'humidité de l'air. Je ne voudrais par rouiller.

En grinçant, ils se levèrent de leurs chaises et se rendirent à l'atelier pour l'habituelle révision du soir. Le mécanicien de service resserra à Astor une vis qui s'était un peu dévissée et huila l'engrenage d'un genou de Grak.

Après quoi, ils rejoignirent la salle de séjour où les robots de l'hospice passaient la plus grande partie de leur temps à regarder la télévision. A peine installés dans leurs fauteuils, ils furent tout de suite fascinés par les images qui défilaient sur l'écran. C'était une histoire d'amour, le genre d'émission qu'ils préféraient, même s'ils n'arrivaient pas très bien à les comprendre. Celle-ci, particulièrement passionnante, racontait les aventures de deux jeunes amoureux.

– Si seulement je pouvais renaître maintenant ! s'exclama Astor. J'aimerais tant éprouver ce qu'éprouve ce jeune homme : ce doit être tellement beau !
– Et aussi ce qu'elle éprouve elle ! ajouta Grak.

La télévision était en train de retransmettre l'histoire de Roméo et Juliette.

Sébastien, parfait citoyen

Voici l'histoire de Sébastien, le plus parfait des citoyens. Employé zélé, exemplaire, il s'efforçait toujours de plaire.

– Bonjour, monsieur le Président, je vous salue respectueusement. A vos ordres, monsieur le Directeur, ce sera fait sans faute tout à l'heure...

Se comportant toujours ainsi, il passait son temps à dire oui.

Chaque matin, après son bain, il trempait son croissant dans son café brûlant, il achetait au kiosque ses journaux, puis, bondissant dans le métro, il arrivait ponctuel au bureau. Toute la matinée il travaillait d'arrache-pied, courait à la cantine lorsque sonnait midi (spaghettis, tranche de rôti et pour finir un fruit), et de nouveau, jusqu'à six heures, le bureau. Après quoi, dans le parc, il faisait quelques pas, donnant le bras à sa fiancée, lui offrait un chocolat glacé, puis l'emmenait au cinéma. A neuf heures il regagnait sa maisonnette, il préparait sa modeste dînette, puis, s'installant sur le canapé, bien au chaud, il regardait une heure la télé, et à dix heures, allez hop ! au dodo.

Tous les jours, sans exception, comme une montre de précision.

Le lendemain matin (eh bien oui, que voulez-vous, c'est ainsi), Sébastien reprenait son train-train : le bain, le croissant dans le café brûlant, les journaux, le métro, le bureau, la cantine à midi (spaghettis, tranche de rôti et pour finir un fruit), de nouveau le bureau, quelques pas avec la fiancée, le chocolat glacé, le cinéma, la dînette à la maisonnette, le canapé, la télé bien au chaud, et à dix heures, allez hop ! au dodo.

Toujours pareil, quelle merveille ! Il avait vraiment tout pour plaire, ce petit bonhomme exemplaire : c'était un citoyen modèle, qui jamais ne faisait marcher sa cervelle.

Mais voilà qu'à force de faire aujourd'hui comme hier, été comme hiver, il perdit peu à peu la raison, et sombra dans la confusion.

Un matin (eh bien, oui, que voulez-vous, c'est ainsi), Sébastien trempa son croissant dans son bain, avec son café il se lava le bout du nez, il acheta au kiosque le métro et bondit dans les journaux. Toute la matinée à la cantine il travailla d'arrache-pied, et consacra l'après-midi à dévorer des spaghettis. Après quoi, oubliant sa fiancée, dans le cinéma il fit quelques pas, donnant le bras à un chocolat glacé. Le soir, installé bien au chaud sur la télé, il regarda une heure le canapé, et à dix heures, allez hop ! au bureau.

Pauvre, pauvre Sébastien, il ne s'y retrouvait plus très bien : ayant perdu l'usage de la raison, il nageait en pleine confusion.

Au réveil le lendemain, après le bureau, il prit son bain dans son café chaud, s'essuya avec les journaux, but de l'eau savonneuse qu'il trouva délicieuse, et allez hop ! au dodo dans le métro. A la cantine à midi il mangea d'abord le fruit puis une tranche de spaghetti, après quoi il travailla d'arrache-pied au cinéma, et dans le parc, au lieu du chocolat glacé, il lécha sa fiancée. Dans sa maisonnette, à neuf heures, il dévora le téléviseur, et depuis plus d'une heure il regardait sa dînette, quand soudain (eh bien oui, que voulez-vous, c'est ainsi, et tant pis si ça vous désole) entrèrent deux infirmiers qui lui passèrent la camisole. A l'asile de fous on l'emmena en fourgonnette, et voilà comment, sans tambour ni trompette, finit l'histoire de Sébastien, le plus parfait des citoyens, employé zélé et modèle, qui jamais ne faisait marcher sa cervelle.

Angélique Docilet

Angélique Docilet était une petite fille qui obéissait toujours. Elle obéissait à ses parents, à ses grands-parents, à ses oncles, à ses tantes, elle obéissait à ses frères, à ses cousins germains et même à ceux du deuxième et troisième degrés.

– Angélique, donne-moi tes jouets.

Et elle aussitôt :

– Oui, les voilà.

– Tais-toi, va-t'en !

Et elle, aussitôt, elle filait.

– C'est inutile que tu continues à aller à l'école, de toute façon tu devras te marier.

Et elle :

– Oui, papa, comme tu voudras.

Quand elle feuilletait un journal, elle

croyait tout ce qui y était écrit ; devant le téléviseur, à chaque mot des présentateurs elle faisait oui de la tête. Elle disait toujours oui, elle croyait tout, elle ne cessait d'obéir.

Elle se mit à travailler, dit toujours oui à son patron et n'eut jamais d'augmentation.

Ses parents lui dirent qu'il était temps de se fiancer et elle se fiança.

Son fiancé voulut qu'elle quitte son travail, et elle, obéissante, elle donna tout de suite sa démission et resta à la maison à attendre sagement ses coups de téléphone.

Elle se maria à l'église en disant « oui » et continua à le dire chaque jour :

– Oui, mon chéri... comme tu veux, mon chéri... Oui, bien sûr.

– Angélique, fais ceci... Angélique, fais cela...

Elle, toujours prête, elle le faisait. Le propriétaire augmentait-il le loyer, licenciait-on son mari ? Et elle :

– Tant pis, mon chéri, il faut se résigner.

Devenue mère, elle obéit aussi à ses

enfants.
– Je vais jouer, disait sa fille, je n'ai pas envie d'étudier.

Et elle :
– Comme tu voudras, ma fille.
– Ne me casse pas les pieds, maman !... Repasse-moi cette chemise !... Achète-moi un autre pantalon !... Je veux des sous !... Je fais ce qui me plaît !

Et elle :
– Oui, mes fils, oui.

Puis ses enfants se marièrent, eurent à leur tour des enfants, et elle dut s'occuper de ses petits-enfants :
– Oui, mes petits chéris, d'accord, comme vous voudrez.

Ils grandirent et :
– Grand-mère, vends donc ta bague et donne-nous les sous... Tu es vieille, va dormir dans le cagibi.

Et elle :
– Bien sûr, comme vous voudrez.

Bref, durant toute sa vie Angélique ne fit qu'obéir.

Quand elle mourut, son mari, ses enfants

et petits-enfants firent écrire sur sa tombe cette épitaphe :

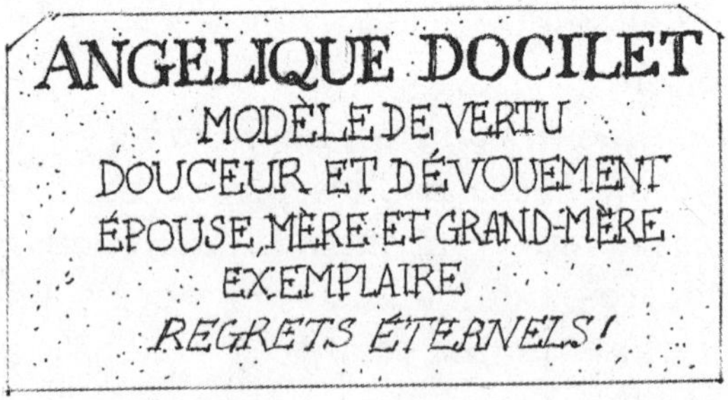

Mais comme ceux qui disent toujours « oui oui » sont bien vite oubliés, au bout de quelque temps plus personne ne s'occupa de sa tombe. C'est ainsi qu'à la longue la pluie effaça la peinture de l'épitaphe, et la plupart des lettres disparurent.

Un jour, une petite fille, passant dans le cimetière, vit cette tombe et, intriguée, essaya de déchiffrer les quelques lettres encore lisibles :

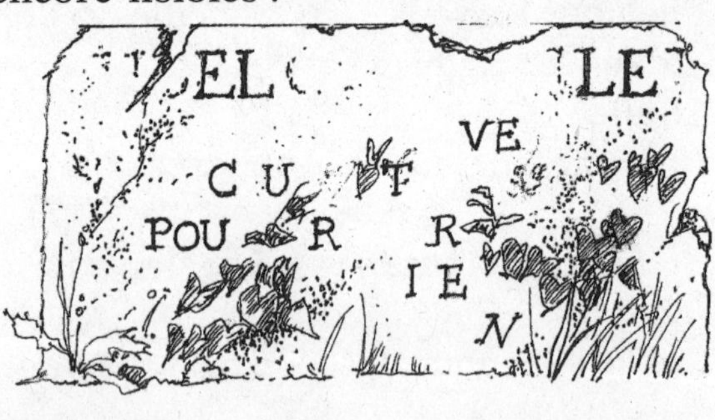

Et la petite fille lut :

ELLE VÉCUT POUR RIEN

– La pauvre ! pensa-t-elle. Drôle d'inscription. Je n'aimerais pas ça, moi, vivre pour rien...

Le pouvoir de l'imagination

Que se passe-t-il la nuit ?

Marc se le demandait chaque soir. Il commençait à l'imaginer dès qu'il se couchait : que se passait-il la nuit ? A coup sûr des choses extraordinaires, que ses parents lui cachaient. Sinon pourquoi exigeaient-ils qu'il s'endorme si tôt, pourquoi ne l'emmenaient-ils jamais avec eux quand ils sortaient après le dîner ?

Peut-être la ville s'éclairait-elle de lumières étincelantes comme un immense Luna-Park, peut-être ses parents couraient-ils voir des spectacles inouïs, s'amusant avec de mystérieux amis, jamais visibles le jour. Peut-être les étoiles, descendues du ciel, formaient-elles un grand escalier lumineux qui arrivait jusqu'à la lune, et alors les adultes montaient là-haut, où l'on donnait de somptueuses réceptions, avec des bals et des jeux interdits aux mineurs. Bref, la nuit, ils faisaient sûrement des choses sensationnelles que leurs enfants ne devaient absolument pas connaître.

Quelle rage de ne pouvoir les découvrir. Tant de fois Marc s'était efforcé de rester éveillé, accoudé à la fenêtre, pour voir ce qui se passait la nuit. Pendant un moment, il parvenait à garder les yeux ouverts, mais jusqu'à une certaine heure, au-delà de laquelle il ne pouvait plus résister ; et c'était à coup sûr justement quand il s'endormait que débutaient ces fantastiques divertissements.

Des années durant, il fut obsédé par ces pensées. Puis, peu à peu, il les oublia.

Désormais il était grand et, devenu homme, il commença à souffrir d'insomnie. La nuit, ne pouvant s'endormir, il faisait de longues promenades à travers la ville et, quand il rentrait, il restait des heures accoudé à la fenêtre.

Comme il était nigaud dans son enfance, se disait-il : « Maintenant je le sais, la nuit il ne se passe rien, tout le monde dort, dans le monde entier, dans les maisons, dans les casernes, dans les cahutes, dans les cases africaines...

Alors, se trompait-il jadis quand il était petit ou maintenant qu'il était grand ?

Il se trompait jadis et maintenant. En effet, maintenant il n'imaginait pas combien de choses extraordinaires il se passait la nuit, non seulement dans sa ville, mais dans le reste du monde.

Garées les unes contre les autres le long des trottoirs, les voitures échangeaient des potins sur leurs propriétaires, reposant enfin leurs roues endolories.

Après la fermeture des bistrots, les ivrognes erraient en titubant dans un univers inconnu à la recherche de leur maison, et s'agrippaient à chaque réverbère pour lui demander leur chemin.

En pleine campagne, dans le noir, les trains fonçaient en sifflant : dans les wagons les voyageurs dormaient, chacun bercé par son rêve, et le conducteur, fixant les rails argentés par la lune, emmenait tous ces rêves jusqu'à la ville où ils pourraient se réaliser.

Avec leurs phares qui trouaient les ténèbres, les camionneurs sillonnaient les autoroutes, attentifs à ne pas s'écarter de ce ruban d'asphalte tendu entre deux endroits éloignés appelés départ et arrivée.

Fendant les vagues sombres des océans, les navires s'efforçaient de ne pas réveiller les poissons et, sur la passerelle, le capitaine avec sa boussole suivait un sentier invisible pavé d'une infinité de gouttes d'eau. Au même moment, dans le ciel, les astronautes, effleurant les étoiles, tissaient les fils de leurs orbites autour de la Terre pour la protéger.

Il se passait — il se passe — tant de choses la nuit, et Marc se trompait aussi bien dans son enfance que maintenant : dans son enfance parce qu'il avait trop d'imagination, et maintenant parce qu'il n'en avait plus.

L'invention extra-terrestre

Un jour, un petit engin spatial se posa sur la place principale de la ville, prenant bien garde à ne pas heurter les voitures garées. D'une forme jamais vue, il ne pouvait venir que d'une autre planète, et il était plutôt mal en point, peut-être à cause du long voyage, ou parce qu'il avait été acheté d'occasion.

Une fois les réacteurs éteints, il en sortit un petit bonhomme en combinaison rose, avec un minuscule casque qui laissait entrevoir une sympathique frimousse d'une délicate couleur vert pâle.

Aussitôt accourut une foule de curieux, et les enfants au premier rang commencèrent à l'assaillir de questions :

– D'où viens-tu ? Comment t'appelles-tu ? Tu as soif ? Tu veux une orangeade ?

– J'arrive d'une planète très lointaine. Là-bas on m'appelle...

Il prononça un mot étrange et ajouta :

– Dans votre langue, ça se traduit Hamilcar. Je suis venu donner un coup d'œil à la Terre.

C'est alors qu'arrivèrent les journalistes, puis le conseil municipal au complet, maire en tête.

Hamilcar descendit de son engin. Il tenait à la main une grande enveloppe cachetée à la cire qu'il montra à l'assistance et, s'inclinant devant les autorités, il déclara :

– Mes amis, je vous apporte un cadeau. Sur ma planète, nous avons organisé un concours pour l'invention de la chose qui vous serait le plus utile à vous, les Terriens. L'invention du gagnant est décrite dans cette enveloppe.

– Merci... Très flattés... C'est vraiment une pensée délicate.

Le maire allongea la main pour prendre l'enveloppe, mais Hamilcar ne la lui donna pas.

– Je ne peux vous la remettre qu'à une condition : qu'elle soit comparée à toutes les inventions que vous saurez faire vous-mêmes dans les trois mois qui suivent. Sans vouloir vous offenser, je ne vous cache pas que nous ne vous croyons pas capables d'en imaginer une plus utile que celle-ci. Bon, quoi qu'il en soit, chers amis Terriens, je vous donne rendez-vous dans trois mois. Au revoir.

Il remonta dans son engin et disparut dans le ciel.

Dans la ville et dans le pays tout entier, on organisa aussitôt un concours pour l'invention la plus utile. Tous les savants, et pas seulement eux, y participèrent, bien décidés à démontrer qu'ils étaient plus forts et plus intelligents que ceux de la planète d'Hamilcar.

Trois mois plus tard, l'engin se posa à nouveau sur la place. Tous les habitants étaient là pour l'accueillir, et tous, savants, ingénieurs, étudiants, ménagères, retraités, avaient à la main un tas d'esquisses et projets divers.

Hamilcar descendit avec son enveloppe, s'inclina et dit :

– Bonjour, les amis, décrivez-moi vos inventions.

Ils les lui présentèrent une par une, et beaucoup d'entre elles étaient vraiment intelligentes, utiles et faciles à réaliser : voitures très économiques qui marchaient au sirop de grenadine et laissaient derrière elles un sillage de parfum ; engrais qui faisaient pousser un tapis de gazon sur le ciment des trottoirs ; vêtements dont la taille augmentait au fur et à mesure que les enfants grandissaient ; motocyclettes d'où il était impossible de tomber ; lunettes d'étude qui rendaient attrayante la lecture des manuels scolaires ; un dentifrice à l'anglais, à l'allemand, à l'espagnol, etc., qui, dès qu'on l'utilisait, permettait de parler différentes langues ; un téléviseur qui refusait d'interrompre les programmes pour diffuser la publicité ; il y avait même des gens qui avaient trouvé un système pour mettre en conserve les rayons du soleil d'été afin qu'on puisse en profiter l'hiver.

Chacun, en expliquant son invention, guettait la frimousse vert pâle d'Hamilcar pour essayer de savoir si elle était meilleure que celle de l'extra-terrestre. Mais Hamilcar restait impassible.

Une fois terminé l'exposé des inventions, le maire déclara :

– Et maintenant, montrez-nous la vôtre. On va bien voir si vous êtes plus forts que nous.

Hamilcar lui tendit l'enveloppe. Anxieusement, le maire l'ouvrit : elle contenait une feuille pliée en quatre. Il la déplia : elle était blanche !

– Mais alors, tu nous as menti ! s'exclama-t-il, indigné.

Souriant, Hamilcar remonta dans son engin.

– Ne croyez-vous pas que ça en valait la peine ? dit-il.

Et, refermant la porte, il s'envola.

Vous trouvez ça juste ?

Il y avait un avocat qui racontait tous les jours d'étranges histoires. En voici une :

– Un jour, un chat blanc et noir avec un collier rouge vient dans mon cabinet et me demande en miaulant : « Tu me comprends ? » « Bien sûr », lui répliqué-je. « Alors aide-moi, dit-il, prête-moi tes services d'avocat, je veux intenter un procès à un chauffard qui a essayé de m'écraser tandis que je traversais la rue, et aussi à un enfant qui m'a tiré la queue, et encore à un boucher qui m'a chassé de son magasin à coups de pied. » J'accepte de le défendre et demande au tribunal le retrait du permis de conduire au chauffard, une peine de trois coups de griffes à l'enfant, l'obligation de libre accès à la boucherie pour les chats, et en outre, comme dommages et intérêts, un kilo quotidien de viande hachée, mou et tripes. Le jour du procès, dès le début de l'audience, le juge s'exclame en voyant ce chat blanc et noir avec ce collier rouge : « Ulysse, mon Ulysse adoré, je te retrouve enfin ! » Il le prend dans ses bras, le caresse, le couvre de baisers comme un fils. Il l'avait perdu quand il était petit et ne s'en était jamais remis. Aussitôt il prononça la sentence : travaux forcés pour le chauffard, main coupée pour l'enfant, exil pour le boucher. « Cher maître, me dit-il ensuite, je vous serai éternellement reconnaissant de m'avoir fait retrouver mon Ulysse bien-aimé : j'acquitterai tous vos clients, quand bien même seraient-ils de féroces assassins ! » Depuis lors j'ai eu un tas de clients, tous des chats, car ils savaient qu'avec ce juge je gagnais tous les procès. L'ennui, c'est qu'ils me payaient avec ce qu'ils considéraient comme le plus précieux : des rats. Tous les matins, sur le palier, ils m'en déposaient des douzaines.

Cet avocat était enfermé dans une pièce d'où il ne pouvait sortir, et il racontait ses histoires à un monsieur qui venait le voir chaque matin. Le monsieur l'écoutait attentivement puis lui demandait :

— Vous y croyez, à ce que vous racontez ?

— Bien sûr que j'y crois !

Une fois sorti de la pièce, le monsieur, qui portait une blouse blanche, refermait la porte à double tour et disait :

— Il est fou, il continue à délirer. Pas question de le mettre en liberté.

Il y avait un autre homme qui habitait une villa luxueuse. Il gagnait beaucoup d'argent, prenait souvent l'avion pour aller un peu partout dans le monde, et dans tous les pays on l'admirait. Lui aussi il racontait des histoires. En voici une :

— Un jour, un extra-terrestre débarqua sur la Terre, mais de toute évidence il avait été mal informé. Il croyait que les arbres étaient les hommes qui habitaient la Terre, que les hommes étaient les animaux, et que les voitures étaient les arbres. C'est pourquoi il prit la forme d'un pin et se planta au milieu d'un bois. Les années passaient et il ne faisait que ronchonner : « Quelle vie ennuyeuse ont les habitants de la Terre ! » Mais voilà qu'un jour arrive un bûcheron armé de sa hache, et il la brandit avec l'intention évidente de le couper. « Saleté d'animal, comment te permets-tu ? » lui crie l'extra-terrestre. L'homme, entendant un arbre parler, saute dans sa voiture et décampe en vitesse. « Quelle étrange planète, dit l'extra-terrestre, non seulement les animaux veulent abattre les hommes, mais en plus ils se servent d'arbres pour se déplacer. » Cependant, le bûcheron était si terrorisé que sa voiture alla se fracasser dans un fossé. L'extra-terrestre s'approcha de la voiture démantibulée et l'examina sur toutes les coutures. Puis il fit un trou dans la terre et y planta une roue, car il aurait bien aimé avoir lui aussi un arbre de ce genre pour voyager. L'ayant arrosé un an et un mois et ne voyant toujours rien pousser, il en eut assez d'attendre. « Quelle fichue planète, dit-il, tout marche de travers ici, je retourne chez moi. » Il repartit et ne revint plus jamais.

Lorsqu'on demandait au monsieur s'il croyait à ce qu'il racontait, il éclatait de rire :

– Y croire, moi ? Il ne manquerait plus que ça !

C'était un célèbre inventeur de contes.

Vous trouvez ça juste, vous, que

quelqu'un qui est sincère et croit aux histoires fantastiques qu'il raconte soit considéré comme fou, et qu'un menteur qui raconte des histoires auxquelles il ne croit pas soit considéré comme un artiste ?

Peut-être...

Il était une fois un pays où tout le monde croyait aux contes de fées. On en racontait partout, continuellement : à la télévision, à la radio, au cinéma. Dans les journaux ils figuraient en première page, et les hebdomadaires illustrés en étaient pleins. Des haut-parleurs en diffusaient dans les bureaux et les usines, à l'école il y avait chaque matin l'heure du conte.

On en racontait de toutes sortes, gais et tristes, aventureux et sentimentaux. A l'école, on racontait les terribles malheurs d'élèves paresseux qui devenaient aveugles, estropiés ou bossus, ou les joies célestes des bûcheurs qui devenaient beaux, grands et riches. Dans les usines et les bureaux, on diffusait des histoires de patrons généreux qui s'enlevaient le pain de la bouche pour le donner à leurs ouvriers ; ou d'ouvriers et employés qui, après avoir travaillé cinquante ans sans jamais demander une augmentation, avaient la chance méritée d'épouser la toute jeune fille de leur chef d'atelier ou de bureau, qui leur apportait en dot un fabuleux compte en banque, un château, une villa et un yacht. D'autres racontaient que, s'il y avait en ce bas monde de la misère et de la famine, c'était la faute de sorcières et magiciens méchants, et qu'il fallait donc s'y résigner.

Bref, ce pays était le paradis des contes de fées, et tout le monde s'en délectait.

Un jour, dans un bureau, quand le haut-parleur eut fini de transmettre un conte, il se produisit une chose incroyable. L'histoire racontée était celle d'un comptable qui quittait le bureau et allait trouver dans son château la fée Utopine afin qu'elle exauce son plus ardent souhait. En chemin, il trouvait, lui barrant le passage, un dragon cracheur de feu, un terrible lion atteint de la rage et sept cruels chevaliers noirs ; mais il les battait tous et arrivait au château. « Valeureux comptable, lui disait la fée, confie-moi le souhait qui t'a donné la force de triompher d'aussi dures épreuves, et je l'exaucerai. » « Recevoir un baiser de mon patron, répondait le comptable en rougissant, ce sera la preuve qu'il m'aime autant que moi je l'aime. » La fée exauçait son vœu et c'est ainsi que se terminait l'histoire. A ce moment-là, dans la vaste pièce, on entendit murmurer :

— Peut-être...

C'était incroyable, et tout le monde se retourna pour voir qui avait osé dire cela. C'était une jeune secrétaire, Sophie, sagement assise à son bureau, l'air sérieux et songeur.

Le lendemain matin, Sophie, comme tous ses concitoyens, était sur la place principale : le dimanche, en effet, au lieu d'aller à la messe, la population s'y réunissait pour écouter une histoire racontée par le chef de l'État. L'histoire, comme d'habitude, se terminait par ces mots : « ... et ils vécurent heureux et eurent beaucoup d'enfants ». Mais voilà qu'à la fin des applaudissements on entendit quelqu'un déclarer distinctement :

— Peut-être...

C'était Sophie.

Le dimanche suivant, Sophie n'y était plus. Elle se trouvait dans une cellule, en train d'écouter une histoire que lui racontait le gardien :

– Il était une fois une jeune fille qui vivait dans un pays merveilleux, où tout le monde croyait aux contes de fées. Mais elle, qui était méchante et sans imagination, elle n'y croyait pas. Heureusement qu'elle se retrouva enfermée dans une prison, et là il se produisit un miracle : elle comprit à quel point elle avait été méchante et se repentit. « Comme je suis heureuse, s'exclama-t-elle, d'être dans cette cellule en compagnie des rats : ce n'est qu'ainsi que je pourrai prouver mon repentir et être pardonnée. A partir d'aujourd'hui je crierai de tout mon cœur que dans la vie il faut toujours croire aux contes de fées. »

– Peut-être... dit Sophie.

Le gardien s'indigna.

– Quoi ? Tu persistes à ne pas croire aux contes de fées ? Tant pis pour toi : puisque tu n'as pas d'imagination, tu moisiras ici !

– Peut-être... répéta Sophie, dont l'imagination, en fait, était tellement en train de travailler qu'elle avait décidé de s'évader et savait déjà comment elle s'y prendrait.

Ce soir-là, effectivement, elle inventa un conte pour les rats de la prison.

– Écoutez bien, chers petits rats. Il était une fois une cellule avec des murs en fromage, un fromage si délicieux qu'on n'en avait jamais goûté de pareil...

Comme dans ce pays même les rats croyaient aux contes de fées, ils commencèrent à ronger le mur, persuadés que c'était du fromage. Ils firent un beau trou et Sophie s'évada.

Elle se retrouva marchant dans la ville déserte : le soir, en effet, les gens restaient cloîtrés chez eux à écouter les contes que la télévision retransmettait sur toutes les chaînes...

Mais Sophie en avait aussi un en tête, de conte, elle l'avait depuis le jour où, dans le bureau, elle avait murmuré pour la première fois : « Peut-être... » Lui était-il venu à l'esprit comme ça, tout d'un coup ? L'avait-elle rêvé la nuit ? Toujours est-il qu'à son réveil il était là, clair et précis. C'était un conte avec un personnage fascinant, le prince du Doute, un très beau jeune homme : il avait des yeux étincelants qui scrutaient le cœur des gens, les livres, les journaux, et des oreilles ultrasensibles capables de détecter tout ce qui se cachait derrière les mots. Ce prince avait des aventures plus passionnantes que celles d'un chercheur d'or, car il ne cherchait pas des pépites, mais quelque chose de beaucoup plus précieux : la vérité. Il était si courageux et séduisant que Sophie en était tout de suite tombée amoureuse et avait décidé de l'épouser et de vivre toujours avec lui, sans jamais le trahir. C'est pourquoi, tandis qu'elle marchait dans les rues sombres et désertes, elle était la seule à douter que ce fût une chance de vivre dans ce pays, et peu lui importait la réprobation des gens, ça lui était égal de se retrouver à nouveau en prison.

Qu'allait-elle faire maintenant ? Elle ne le savait pas elle-même. Désormais, elle était devenue la princesse du Doute, et l'unique chose dont elle était sûre, c'est que c'était magnifique de dire : « Peut-être... », et qu'elle le dirait toujours, même si pour cela elle devait affronter les aventures les plus dangereuses.

Drôles de métiers

La rappeleuse

Comme elle avait une mémoire formidable, elle l'exploita en inventant un beau métier, et original par-dessus le marché : il consistait à rappeler les choses aux autres.

Les gens allaient chez elle ou lui téléphonaient :

– Le 29 mars prochain je dois aller voir mon oncle Antoine, disait telle personne, pensez bien à me le rappeler, sinon il va se mettre en colère.

– S'il vous plaît, disait telle autre, dans trois semaines, le 13 mai, c'est la fête de ma grand-mère : je ne veux pas risquer d'oublier de lui faire un petit cadeau.

– Dans deux mois sortira en librairie le roman de mon auteur préféré, je l'ai commandé, faites-moi penser à aller le chercher.

Et ainsi de suite.

Son travail consistait à téléphoner la veille ou le matin même pour rappeler aux clients ce qu'ils avaient à faire.

– Allô ? Je vous rappelle que demain matin vous devez vous présenter chez le notaire pour cette affaire de succession.

– Allô ? Ce soir, à sept heures précises, vous avez rendez-vous chez le dentiste.

– Allô ? C'est la rappeleuse, n'oubliez pas de prendre votre médicament avant le dîner : dix gouttes dans un demi-verre d'eau.

Ses tarifs étaient modestes, mais les clients étaient nombreux et, ma foi, elle gagnait assez bien sa vie. En outre, grâce à sa formidable mémoire, ce travail ne lui posait aucun problème.

•

Mais, au fil des ans, sa mémoire se mit à décliner. N'arrivant plus, comme jadis, à retenir par cœur les dizaines de coups de fil à passer chaque jour, elle s'acheta un agenda et les marqua.

Seulement voilà, au bout d'un certain temps, elle commença à oublier même l'endroit où elle avait mis l'agenda et il lui arriva parfois de sauter certains coups de téléphone qu'elle devait passer. Naturellement, après deux oublis, elle perdit les clients les plus exigeants.

Elle dut renoncer à l'agenda. Prête à tout pour continuer son travail, elle se résigna alors à diminuer ses tarifs. Quand quelqu'un lui demandait de lui rappeler une chose, elle répondait :

– Entendu, mais vous devriez me téléphoner la veille ou le matin même pour me rappeler la chose à vous rappeler. Si vous êtes d'accord je vous fais un rabais, vous paierez moitié prix.

Bien entendu, elle perdit encore des clients.

Mais sa mémoire allait de plus en plus mal. Désormais elle oubliait même de téléphoner quelques heures après que le client lui avait rappelé la chose à rappeler, et pour une rappeleuse c'était vraiment le comble. Elle finit par perdre tous ses clients.

Maintenant, vieille et totalement dépourvue de mémoire, de temps à autre elle se demande :

– Au fait, quel métier faisais-je ?... Il me semble qu'autrefois il y avait une dame qui se chargeait de rappeler les choses. Si j'arrivais à me rappeler son nom, je pourrais le lui demander à elle...

Rêveuse de nuit

Agnès l'avait découvert en parlant avec ses amies : presque toutes faisaient souvent un mauvais rêve, qui les épouvantait. Ça lui était arrivé à elle aussi, mais une seule fois : elle avait su tout de suite comment s'en débarrasser. Elle voulait devenir capitaine au long cours quand elle serait grande, alors, pensez donc si une future louve de mer allait se laisser effrayer par un rêve !

Ses camarades, en revanche, continuaient à le faire, ce rêve, toujours à peu près pareil. Elles rêvaient d'un homme noir, une grosse brute, sans visage, une espèce d'horrible fantôme, qui les poursuivait, menaçant. « Je t'attrape, je t'étripe ! » criait-il, et elles, pour lui échapper, elles s'enfuyaient terrorisées, mais lui, haletant affreusement, il s'approchait de plus en plus, et quand ses sales pattes crochues étaient sur le point de les saisir, elles se réveillaient en hurlant de peur.

– Mais dans votre rêve, vous ne faites rien pour vous en débarrasser ? demandait Agnès.

– Que veux-tu qu'on fasse ? Il est si effrayant que nous filons en vitesse.

Était-il possible qu'aucune de ses compagnes n'eût le courage de se comporter comme elle l'avait fait elle ? Mais ce fut précisément cela qui lui donna l'idée de gagner un peu d'argent. Lorsqu'une amie lui raconta qu'elle avait fait une fois de plus ce cauchemar, Agnès lui dit :

– Si ça t'effraie à ce point, moi je peux t'aider. Ce soir je viendrai dormir chez toi et je t'en libérerai pour toujours. En échange, tu me donneras un peu d'argent et demain matin tu me prépareras un bon petit déjeuner : café au lait, croissants, biscottes, beurre, confiture et miel.

C'est ainsi qu'elle commença son travail : un travail qui ressemblait un peu à celui d'un veilleur de nuit, avec cette différence que, elle, elle n'avait pas à veiller, au contraire, elle l'effectuait en dormant tranquillement.

Le soir elle se rendait dans l'appartement de sa compagne, celle-ci allait dormir avec ses parents, et elle, prenant sa place dans son lit, elle s'endormait en toute quiétude, sûre et certaine de se comporter comme quand elle-même avait fait ce fameux rêve.

En pleine nuit arrivait effectivement l'homme noir qui ressemblait à un fantôme et qui grognait d'une voix caverneuse :

– Je t'attrape ! Je t'étripe !...

Agnès commençait alors à s'enfuir en faisant semblant d'être épouvantée. L'homme noir, persuadé de l'avoir terrorisée, la poursuivait, satisfait. Mais, à un certain moment, elle se retournait brusquement, elle lui tirait la langue et lui criait en pleine figure :

– Coucou, fais-moi peur !

L'homme noir, qui ne s'y attendait pas, s'arrêtait, abasourdi, et Agnès ajoutait :

– Qu'est-ce que tu veux, crétin ? va-t'en, sinon je te donne un coup de pied dans le tibia !

Et s'il ne se décidait pas à s'en aller, elle le lui donnait vraiment. L'homme noir décampait à cloche-pied en hurlant de peur et de douleur et se gardait bien de revenir dans cette maison.

Le lendemain matin, Agnès se réveillait en pleine forme, elle prenait son argent, elle mangeait de bon appétit son copieux petit déjeuner et elle partait à l'école.

Quand elle eut libéré toutes ses amies de ce cauchemar, elle mit une annonce dans le journal : « Voulez-vous dormir sans plus jamais faire de mauvais rêves ? Libération garantie en une seule nuit. Rétribution modeste plus petit déjeuner abondant ». On eut souvent recours à elle et elle gagna assez d'argent pour se payer ses études jusqu'à ce qu'elle devienne un excellent capitaine de vaisseau au long cours.

Le temps c'est de l'argent

La vie chère

— Hé ! les enfants ! s'écrièrent les parents de Paul et Sophie. Venez voir ce que nous vous avons apporté !

Les enfants accoururent, mais restèrent stupéfaits en s'apercevant à quel point tous deux avaient vieilli durant ces quelques heures d'absence : ils avaient beaucoup de cheveux blancs, de nombreuses rides sur le visage, et ils semblaient même un peu voûtés. Pourtant ils étaient tout joyeux, et leur père jeta sur la table une belle liasse de billets de banque.

– Finis les ennuis ! dit-il en chuintant un peu, car il lui manquait deux dents. Pendant un certain temps nous n'aurons plus de souci à nous faire pour la nourriture, pour le loyer, pour vos études...

Paul regarda cet argent, puis à nouveau le visage vieilli de ses parents.

– Alors, balbutia-t-il, vous l'avez fait vous aussi !

Dans ce pays, non seulement il était permis de vendre son sang ou un rein, ou la cornée d'un œil, mais, depuis qu'on avait inventé la transfusion des années, on voyait apparaître dans les journaux des petites annonces qui disaient :

« URGENT. AFFAIRE A SAISIR.
SUIS ACHETEUR... »

L'acheteur en question précisait combien d'années il désirait acquérir, et à quel prix. Ceux qui avaient besoin d'argent répondaient à l'annonce, passaient un contrat en règle et, dès la fin de la transfusion, étaient payés comptant.

– Eh bien oui, dit la mère, nous avons vendu dix ans chacun. Mais ne vous inquiétez pas, la transfusion a été absolument indolore.

– C'est une chance, ajouta le père, qu'à nous autres, les pauvres, il nous soit offert cette possibilité et qu'il y ait des gens qui paient les années un bon prix.

– Mais vous avez raccourci votre vie de dix ans ! s'exclama Paul. C'est moi qui aurais dû le faire, moi qui ai encore tant d'années à vivre. Je l'aurais fait de tout mon cœur !

Il était si navré que ses parents en furent émus.

– Ne pleure pas, dirent-ils en le serrant dans leurs bras, c'est bien volontiers que nous avons fait ce sacrifice.

Sophie, en revanche, se tenait à l'écart, l'air sérieux, sans rien dire. Même pendant le dîner elle n'ouvrit pas la bouche.

Une fois couchés, les parents n'éteignirent pas la lumière et restèrent un bon moment à parler.

– Comme il s'est montré affectueux, notre petit Paul. Il nous aime vraiment.

– Sophie, par contre, n'a pas soufflé mot. Franchement, je ne m'attendais pas à une telle indifférence de sa part.

Pendant ce temps, dans sa chambrette, Sophie ne décolérait pas.

– Une chance, tu parles, c'est une injustice ! C'est une révolution qu'il faudrait ! Dommage que je sois trop petite pour la faire... Tiens, au fait, et si je vendais une douzaine d'années ? Comme ça je pourrais commencer tout de suite, j'expliquerais aux gens que c'est injuste, je distribuerais des tracts...

– Cher petit Paul, disait cependant sa mère. Lui, oui, il est sensible !
– Quand je pense que Sophie n'a pas bronché, soupira son père. Enfin, éteignons... Bonne nuit !

L'homme le plus malchanceux du monde

Il réussit enfin à réaliser son rêve : posséder la montre dernier modèle, une vraie merveille de la technique. Non seulement elle n'avait jamais besoin d'être remontée, mais, en plus des secondes, des minutes et des heures, elle marquait aussi le jour, le mois, l'année, et même les éclipses et le passage des comètes. En outre, elle avait le réveil incorporé qui jouait sept motifs musicaux différents, elle était étanche, antimagnétique, antichocs, et même antiradiations atomiques. La firme l'avait baptisée « la Parfaiternelle, la montre garantie pour l'éternité ». Et c'était vrai, toutes les montres de cette marque étaient parfaites et éternelles, toutes à l'exception d'une seule, précisément celle que Serge portait fièrement au poignet.

En effet, il ne la portait que depuis quelques jours quand elle se détraqua. C'est alors que Serge commença à avoir des ennuis. Pour lui, l'heure et le jour exacts ne pouvaient être que ceux indiqués par sa montre. Si les autres marquaient une autre heure, c'étaient elles qui marchaient de travers, la sienne ne pouvait se tromper, impossible, pensez donc, une Parfaiternelle !

Le soir, il réglait le réveil sur sept heures, et celui-ci, en fait, sonnait à onze. Pour Serge, naturellement, il était sept heures, et il arrivait toujours en retard à l'école. Parfois il y allait même le dimanche, car sa montre disait que c'était vendredi. Bien entendu, dans ces conditions, il fut collé à ses examens.

Il se mit à travailler, mais il arrivait souvent au bureau à trois heures du matin et, comme il se doit, la porte d'entrée était fermée.

– Bizarre, disait-il, ma Parfaiternelle marque pourtant huit heures, je suis tout à fait ponctuel. Il y a peut-être une grève...

Et il rentrait chez lui.

On le licencia.

Si quelqu'un se hasardait à lui dire : ta montre ne marche pas, il s'indignait :
– Impossible, c'est une Parfaiternelle, garantie pour l'éternité !

En réalité elle marchait de plus en plus mal, si bien que les gens commencèrent à le prendre pour un fou. Désormais, en plein mois d'août, il portait un manteau, parce que selon sa montre on était en décembre. Quand au contraire elle marquait juillet, il sortait en tee-shirt et en jeans, et il attrapait une grippe ou une bronchite car on était en janvier.
– Il est l'heure d'aller se coucher, se disait-il. Mais comme c'est étrange, il est presque minuit et le soleil est encore haut...

Et il se mettait au lit à trois heures de l'après-midi.

Il ne se maria jamais. Il n'avait en effet jamais pu être ponctuel à un rendez-vous avec une jeune fille. Il y allait avec trois jours d'avance ou deux de retard.

Bref, il était vraiment malchanceux. Mais comment aurait-il pu soupçonner qu'il était tombé sur la seule et unique Parfaiternelle qui ne marchait pas ?

Un jour, en se réveillant, il s'aperçut que la montre était carrément arrêtée. Mais oui, les aiguilles ne tournaient plus, il le constatait de ses propres yeux. Mais comme il était prêt à admettre tout ce qu'on voudra, sauf que sa Parfaiternelle ne marchait plus, pour lui il n'y avait qu'une explication.

– Si ma montre ne marche plus, se dit-il, ça signifie que le temps s'est arrêté. Donc je suis mort.

Le pauvre est toujours là, étendu sur le lit, les mains jointes, attendant l'arrivée des croque-morts qui l'emmèneront au cimetière. Pas de doute, c'est vraiment l'homme le plus malchanceux du monde. Tout ça à cause d'une Parfaiternelle, la montre garantie pour l'éternité, la seule qui avait un défaut.

Les enfants grandissent-ils ?

Était-ce bien certain qu'il grandissait ? Olivier n'en avait pas l'impression : jamais, le matin en se levant, il ne se sentait plus grand, et même quand il se regardait dans la glace il ne remarquait aucune différence. Un jour, il se confia à sa mère.

– Maman, je crois que j'ai une maladie très grave : je ne grandis pas.

Sa mère sourit. Elle le mit contre le mur, où six mois auparavant elle avait tracé une marque au crayon. Il dépassait cette marque de plusieurs centimètres.

– Tu vois ? C'est bien la preuve que tu as grandi. Et puis, tu ne te souviens donc pas que tu m'arrivais ici ? (Sa mère indiqua un endroit de son bras.) Maintenant tu m'arrives à l'épaule.

Alors ça devait être vrai : il grandissait.

Mais comme c'était étrange de ne pas s'en apercevoir. Bon, il partit rassuré à l'école. En revoyant ses camarades, il trouva naturel de ne pas être plus grand qu'eux : c'était la preuve qu'ils avaient grandi comme lui.

Toutefois, quand il leur demanda si eux ils s'en apercevaient, ils répondirent tous que non. Était-ce possible que personne ne s'en aperçoive ? Il lui vint un soupçon : les paroles rassurantes de sa mère et les preuves qu'elle lui avait données n'étaient-elles pas des mensonges ? Ce soupçon le tourmenta jusqu'au moment où il eut soudain une illumination, et alors le soupçon devint certitude : non seulement on le trompait lui, mais on trompait de la même façon tous les enfants du monde, personne ne grandissait, c'était ça la vérité. Même sa mère avait menti pour la lui cacher. Mais lui, désormais, il l'avait découverte.

Il ne la confia qu'à son ami le plus intime.

– J'ai fait une découverte terrible, lui murmura-t-il à l'oreille : nous autres enfants nous ne grandissons pas, autrement nous nous en apercevrions. Ce matin, quand ma mère m'a mesuré contre le mur, c'est vrai que je dépassais la marque tracée il y a six mois, mais pas parce que j'avais grandi : moi, je n'ai pas bougé d'un millimètre, c'est le mur qui a rapetissé. Il en est de même pour les adultes : ma mère a tellement rapetissé que je lui arrive maintenant à l'épaule. La vérité, c'est que nous, les enfants, nous restons toujours pareils, tandis que les adultes, les murs, les maisons, le monde entier deviennent de plus en plus petits. C'est épouvantable, si ça continue, bientôt ils disparaîtront complètement.

Table des matières

Castor Poche

Des livres pour toutes les envies de lire,
envie de rire, de frissonner,
envie de partir loin
ou de se pelotonner dans un coin.

Des livres pour ceux qui dévorent.
Des livres pour ceux qui grignotent.
Des livres pour ceux qui croient ne pas aimer lire.
Des livres pour ouvrir l'appétit de lire et de grandir.

Castor Poche rassemble des textes du monde entier ; des récits qui parlent de vous mais aussi d'ailleurs, de pays lointains ou plus proches, de cultures différentes ; des romans, des récits, des témoignages, des documents écrits avec passion par des auteurs qui aiment la vie, qui défendent et respectent les différences. Des livres qui abordent les questions que vous vous posez.

Les auteurs, les illustrateurs, les traducteurs vous invitent à communiquer, à correspondre avec eux.

Castor Poche
Atelier du Père Castor
4, rue Casimir-Delavigne
75006 PARIS

Castor Poche, des livres pour toutes les envies de lire: pour ceux qui aiment les histoires d'hier et d'aujourd'hui, ici, mais aussi dans d'autres pays, voici une sélection de romans.

635 Sauvez Willy 3 **Junior**

par Todd Strasser

Jesse est presque un homme désormais. Il n'a rien perdu de sa passion pour les orques, et il travaille avec Randolph pour leur protection. Il retrouve Willy tous les ans. Mais leur route va croiser des pêcheurs prêts à tout pour capturer des orques. Max, un jeune garçon, va les aider de tout son cœur...

616 Le gardien du chateau **Senior**

par Nadine Brun-Cosme

Trois nouvelles, Le gardien du château, Maël, La maison d'en bas, qui évoquent l'attente de l'autre, l'émoi de la rencontre, la douleur de l'absence, mais aussi la joie de la rencontre. Laissons les mots ouvrir la porte du souvenir, saisir les sensations fugaces du temps qui passe.

615 Le dresseur d'ours **Senior**

par Harriet Graham

Avant d'être apprenti-tanneur, Guillaume a connu la douceur d'une famille heureuse. C'était avant, avant la mort de son père, avant le remariage de sa mère... il y a si longtemps. Mais Guillaume a le don de dresser les ours, don très convoité en ces temps où les ours apprivoisés vont de ville en ville, de pays en pays... Guillaume part pour un long voyage avec une troupe de saltimbanques.

614 La vengeance d'Emily Upham **Junior**

par Avi

Le père d'Emily est ruiné et mêlé à une histoire de hold-up! C'est beaucoup d'émotions pour la jeune et précieuse Emily. Seth Marple, un jeune va-nu-pieds, propose de l'aider. Mais quelle aide! Entre Seth l'intrépide et la précieuse Emily la rencontre est explosive.

605 Le puits — Senior

par Mildred D. Taylor

La sécheresse est terrible, elle a tari tous les puits de la région. Tous sauf celui des Logan, famille de fermiers noirs aisée. Les Logan partagent cette eau précieuse de grand cœur, avec tous. Mais en 1910, dans le Sud américain, les rancœurs contre les noirs persistent ; tout au long de l'été, la tension va monter...

600 Le jour de la photo — Junior

Par Corinne Fleurot

La Grande Catoche règne sur l'école. Décidée, voire tyrannique, elle domine la cour de récréation. Hélène vit dans l'ombre de son aînée, pourtant, le jour où la Catoche subira une grande humiliation publique c'est auprès d'Hélène qu'elle trouvera la force de faire face. Solidaires dans l'épreuve, les deux sœurs tisseront une vraie complicité.

598 Un Périgourdin aux Indes
Les Tibeyrant — Senior

par Thalie de Molènes

François et Edmée coulent des jours tranquilles à Plazac. Mais François reçoit un appel au secours de Kamala : Edmond, son fils, a disparu. François part aux Indes, à la recherche de son neveu et de Louis de Ponchapt, le fils d'Edmée. Avec son compagnon de route Yvon, il va traverser l'Inde de la fin du XVIIIe siècle...

594 Célestine ou les parfums caméléons — Junior

par Marie Saint-Dizier

À Ici-bas, où règne le tyrannique Mister Nose, Célestine rencontre une bande de chiens errants. Ils ont perdu la mémoire de leur vie d'antan. Bientôt des chiens disparaissent, ils ont suivi un parfum, évocation d'un souvenir délicieux. Célestine, seule, pressent que ces parfums diffusent un piège pour ses amis...

590 **Le champ de personne** **Senior**

par Daniel Picouly

Le Mohican, onzième d'une famille de treize enfants vit dans un petit pavillon de banlieue. Sa famille, grande tribu généreuse, est solidaire et la vie n'est jamais monotone pour le Mohican, entre le football (sa grande passion) et les dictées (sa terreur), entre rêves et rires. *Le champ de personne* est la chronique d'une journée comme les autres…

589 **L'homme de l'autre côté** **Senior**

par Uri Orlev

En 1942, Marek vit à Varsovie et aide son beau-père à convoyer des marchandises vers le ghetto des juifs. Il éprouve à leur égard une certaine défiance. Quand sa mère lui apprend que son père était juif communiste, et mort en défendant ses idées, le jeune homme s'engage dans la lutte.

581 **Ce cher Monsieur Dieu** **Senior**

Par Klaus Kordon

Monsieur Dieu n'est pas un facteur pas comme les autres : il substitue les lettres annonçant de mauvaises nouvelles à ses amis et les remplace par de bonnes nouvelles. Mais un jour, le pot aux roses est découvert…

580 **La sœur de mon frère** **Senior**

Par C. S. Adler

L'arrivée de Youn Hee, petite coréenne que sa mère a décidé d'adopter, est difficile pour Caitlin. Youn Hee n'est venue que pour retrouver son petit frère, Simon, dans la famille depuis longtemps, et complètement américain. Caitlin fera tout pour tenter d'apprivoiser sa nouvelle sœur.

579 **La lettre déchirée** — **Senior**

Par Ella Balaert

Pas facile d'avouer qu'on ne sait pas lire, quand on a treize ans. Stéphane, muré dans la solitude depuis le départ de son père, se débat comme il peut dans un monde de mensonges et de dissimulations. Mais son secret lui pèse de plus en plus. Jusqu'à quand pourra-t-il le taire?

578 **Roues libres en Californie** — **Senior**

Par Gary Soto

Hector et Mando, pour échapper à l'ennui d'un été désœuvré, partent vers la plage de Santa Monica à vélo. C'est l'occasion de faire la tournée de la nombreuse famille d'Hector, truculente à souhait et aussi selon les quartiers où oncles et tantes habitent. En avant pour une balade chez les «chicanos»...

576 **Laissez danser les ours blancs** — **Senior**

Par Ulf Stark

Après le divorce de ses parents, Lasse part s'installer avec sa mère chez son nouvel ami, qui décide de transformer le jeune homme cancre et fils de boucher, en bon élève bourgeois modèle. Lasse joue le jeu, et s'éloigne peu à peu de son père. Entre ces deux mondes, Lasse a bien du mal à retrouver sa place et ses repères.

572 **Sous le soleil de minuit** — **Senior**

Par Simone Schmitzberger

Pour Max, ce camp de vacances itinérant en Norvège commence mal. Malgré sa bonne volonté, il n'arrive pas à faire rire sa charmante voisine, à la mine renfermée. Heureusement, Marie lui sourit. Au fil de leur périple, les adolescents vont apprendre à mieux se connaître, des amitiés vont se nouer, des drames vont se jouer.

Cet
ouvrage,
le trois cent troisième
de la collection
CASTOR POCHE,
a été achevé d'imprimer
sur les presses de l'imprimerie
Maury Eurolivres
Manchecourt - France
en août 1998

Dépôt légal: septembre 1998.
N° d'édition : 4466. Imprimé en France.
ISBN: 2-08-164466-5
ISSN: 0763-4544
Loi n° 49-956 du 16 juillet 1949
sur les publications destinées à la jeunesse